일기글 김남중
1972년 전라북도 익산에서 태어나 원광대학교 국어국문학과를 졸업했습니다. 2004년에 동화 『덤벼라, 곰!』으로
제5회 문학동네어린이문학상을, 장편 소년소설 『기찻길 옆 동네』로 제8회 창비 '좋은 어린이책' 원고 공모
창작 부문 대상을 받았습니다. 동화집 『자존심』으로 2006년 '올해의 예술상'을 받았습니다. 그동안 『황토』,
『들소의 꿈』, 『붕어 낚시 삼총사』, 『주먹곰을 지켜라』, 『하늘을 날다』, 『빨주노초파남보통』(공저), 『살아 있었니』,
『불량한 자전거 여행』 들을 썼으며, 『간디의 뒤를 따라서』를 우리말로 옮겼습니다.

정보글 송호정
서울대학교 국사학과를 졸업하고 같은 학교 대학원에서 석사·박사 학위를 받았습니다. 한국 고대사와 역사 고고학을 전공했고,
현재 한국교원대학교 역사교육과 교수로 재직 중입니다. 지은 책으로 『한국 고대사 속의 고조선사』, 『단군, 만들어진 신화』,
『한국생활사박물관 2-고조선생활관』, 『아! 그렇구나 우리 역사』 1, 2권 등이 있습니다.

그림 이강
1968년 중국 지린에서 태어나 옌볜대학교를 졸업했습니다. 루쉰 미술대학에서 동양화를 공부했으며,
서울대학교 동양화과 대학원을 졸업했습니다. 『홍범도』, 『어린이 역사인물백과』, 『지킬 박사와 하이드 씨』,
『세종 대왕』, 『조웅전』, 『깨어나라 고구려』 등 어린이책에 그림을 그렸습니다.

이 책을 만드는 데 자문과 감수를 해 주신 분들
복식 김소현(배화여자대학 전통의상과 교수)
건축 이우종(영남대학교 건축학부 교수)
음식 정혜경(호서대학교 식품영양학과 교수)

역사 일기 02

고조선

고조선 소년 우지기, 철기 공방을 지켜라

●일기글 김남중 ●정보글 송호정 ●그림 이강

사계절

우리 역사의 첫 국가, 고조선

우지기의 이야기는 기원전 150년, 고조선이 배경입니다. 이때는 청동기 시대를 지나 철기 시대가 무르익고, 고조선이 발전한 국가의 모습을 갖춘 시기입니다. 고조선 사람들은 울타리를 두른 방어용 마을에서 주로 농사를 지으며 살았습니다. 우지기는 그런 고조선 마을의 철기 공방에서 일하는 아이였습니다.

신석기 시대	청동기 시대		철기 시대		
	기원전 1500년 무렵 요령(랴오닝) 지방과 한반도 서북부 지역에 청동기 문화가 전해졌다. 한반도 일부에서는 벼농사를 짓기 시작했다.	**기원전 4~3세기** 중국에서 철기 문화가 전해졌다.	**기원전 194년** 위만이 준왕을 몰아내고 고조선의 왕이 되었다.	기원전 150년	**기원전 108년** 한나라와 벌인 전쟁에 져서 고조선이 멸망했다.

청동기 시대가 열리다

기원전 1500년 무렵 청동기를 쓰면서부터 사람들의 생활이 많이 변했습니다. 서로 평등하게 살던 신석기 시대와 달리 청동기 시대에는 군장이라는 지배자가 나타났습니다. 군장은 자신의 힘을 보여 주기 위해 청동 거울을 목에 걸거나 청동검을 차고 다녔습니다. 이때는 특히 마을 사이에 전쟁이 자주 일어났습니다. 전쟁에서 이기면 재물과 땅을 차지하고, 사람들을 끌고 와 노비로 부리면서 농사를 짓게 했습니다.

철기를 쓰며 발달한 고조선

고조선은 청동기를 쓰는 작은 집단이었지만, 철기 시대에 접어들면서 점차 본격적인 국가로 성장했습니다. 철로 만든 농기구는 힘을 잘 받았고, 무기는 청동기보다 성능이 훨씬 더 좋았습니다. 철제 도구 덕분에 농사도 잘되고, 전쟁에 나가도 이겼습니다. 이제 고조선은 왕이 다스리며, 많은 재물과 영토를 가진, 우리 역사상 첫 국가가 되었습니다.

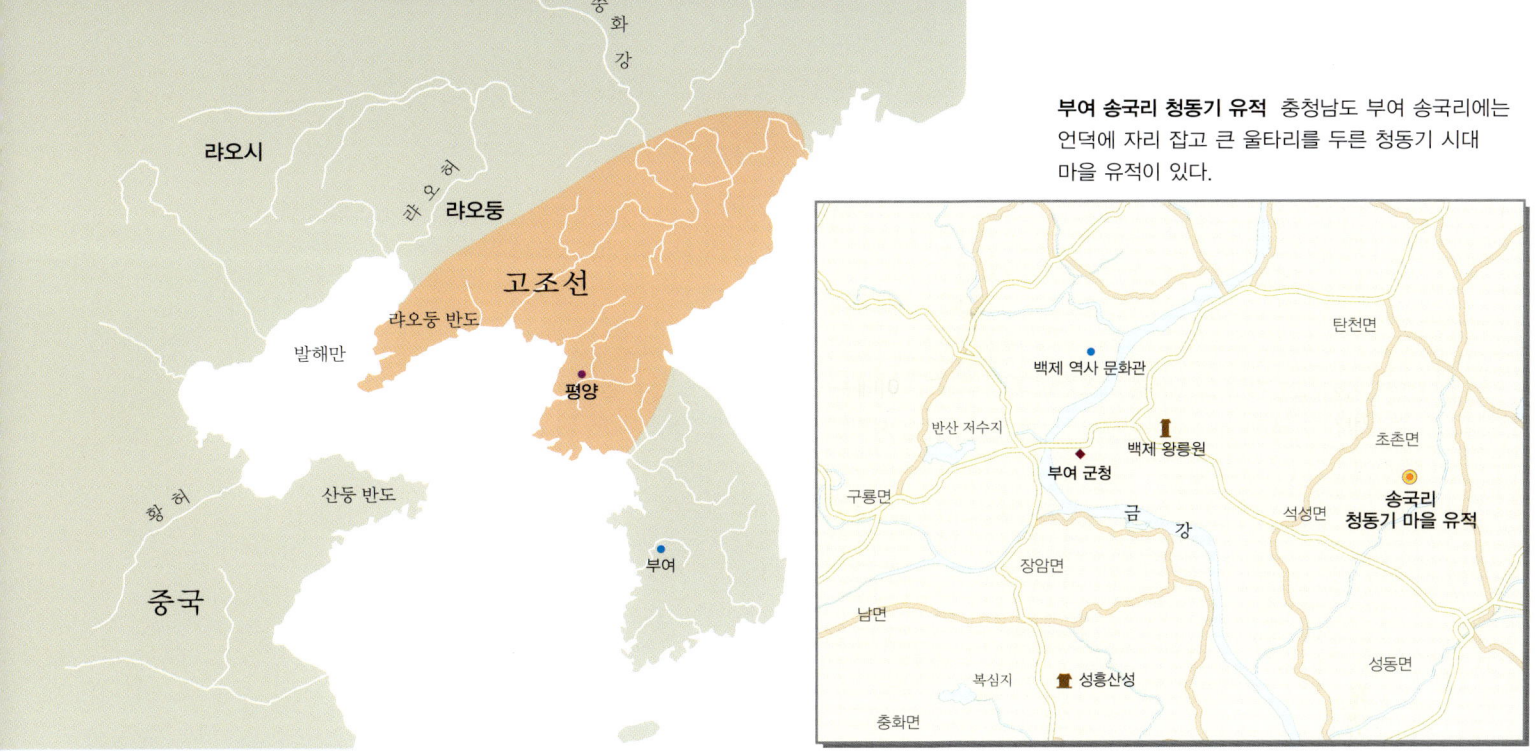

부여 송국리 청동기 유적 충청남도 부여 송국리에는 언덕에 자리 잡고 큰 울타리를 두른 청동기 시대 마을 유적이 있다.

고조선의 영역 청동기 시대 고조선 사람들은 랴오둥 지역과 한반도 서북 지방을 중심 무대로 활동하였고, 두만강 일대까지 세력이 미쳤다.

고조선의 울타리 마을

청동기 시대에는 마을의 모습도 변했습니다. 마을에 울타리를 두르고 그 둘레에 도랑을 파서 외부 사람이 쉽게 들어오지 못하게 한 것입니다. 고조선의 마을은 생활의 터전인 동시에 적의 침입에 대비하는 방어 요새였습니다. 마을 사람들은 우두머리에게 복종하면서 종종 일어나는 전쟁에 대비해야 했습니다.

부여 송국리 청동기 시대 유적

지금의 부여 송국리에 있는 청동기 시대 유적은 그 당시 마을의 생활 모습을 잘 알려 줍니다. 역시 울타리를 두르고 도랑을 판 이 마을은 언덕 위에 있어서, 적이 침입하는지 망을 보기에도 좋고 가까이에 있는 밭으로 내려가기에도 좋았습니다. 고조선 사람들도 바로 이런 마을과 같은 곳에서 살았습니다.

차례

2 언제 쓴 일기일까?

큰 집이 좋아 6   9 집 짓기 ➡ 집 안의 모습

내 동생 우서니 10   11 마을에서 국가로

두암이와 돼지 발 12   13 언덕에 자리 잡은 고조선의 마을

즐거운 잔치 16   19 여러 가지 먹을거리 ➡ 그릇과 부엌살림

군사 구경 20   21 옷차림

23 신분 제도

버섯과 물고기 24

처음 공방에 간 날 26   27 중국에서 온 철기

벼 베기 28   31 농사짓기 ➡ 발달한 농사 기술과 철제 농기구

가난한 가을 32   33 불평등이 생긴 고조선

추수 감사 의례 34   35 의례

국경의 장터 36   37 교역

➡ 책 속의 날개를 넘기면 읽을거리가 더 많이 있어요!

공방의 하루 38	39 대장간의 일
슬픈 장례식 40	
침입자 42	45 무덤의 종류 ➡ 고인돌 만들기
뭉쳐야 한다 46	47 사냥과 가축
용대 아저씨의 반항 48	49 최초의 국가 고조선
전쟁의 냄새 50	51 고조선의 여러 무기
칼보다는 삽 52	
갈라진 공방 54	55 단군은 누구일까
팽팽한 대결 56	
도둑맞은 볏가마 57	
갈라진 뼈 58	59 뼈점 치기
재판 60	63 범금 8조
도둑 64	
겨울이 가면 봄이 온다 68	

큰 집이 좋아

기원전 150년 6월 3일

오늘은 집을 넓히기로 한 날이다. 아빠는 엄마가 아기를 낳기 전에 집을 손보겠다고 벌써부터 별러 왔다. 엄마는 일할 때 망가지지 않도록 살림살이를 아침 일찍 집 밖에 내놓았다. 나는 바로 옆에서 집 짓는 아저씨들을 구경했다.

"다친다! 저만큼 떨어져 있어!"

아빠가 소리를 질렀지만 못 들은 척했다. 어른이 되어 내 집을 지으려면 지금부터 잘 봐 둬야 하기 때문이다. 새로 집을 지을 때는 꼬박 며칠이 걸리지만 우리 집은 옆으로 조금 넓히는 거라 일이 크지 않았다.

아저씨들이 땀을 뻘뻘 흘리며 일하고 있는데 엄마가 새참을 가져왔다. 일은 하지 않았지만 나도 먹는 데는 빠지지 않았다. 아저씨들은 잠깐 쉬었다가 다시 일을 시작했다.

햇볕이 점점 따가워졌다. 일터 옆에 있으니까 아저씨들이 이런저런 심부름을 시켰다. 나는 슬그머니 뒷산 너럭바위로 갔다. 평평한 바위를 덮은 나무 그늘이 짙어서 잘 들키지 않는 곳이다. 매끈한 바위에 등을 댔을 뿐인데 깜박 잠이 들어 버렸다.

배가 고파 눈을 떠 보니 해가 많이 기울어 있었다. 어슬렁어슬렁 집으로 돌아왔다. 어느새 공사가 끝나고 아빠가 집 둘레를 청소하고 있었다. 아빠가 눈살을 찌푸리며 내 머리를 콩 쥐어박았다. 나는 미안하고 할 말이 없어서 머리를 긁적이며 웃고 말았다.

우리 집은 새 집 같았다. 두툼한 새 갈대 다발로 지붕을 덮고 굵은 기둥 갯수를 늘려서 집이 넓어졌다. 안에 들어가 보니 우리가 살던 집 같지 않게 낯설었다. 껍질째 말려 두었다가 깎아 세운 나무 기둥에서 향긋한 냄새가 났다.

밤이 되자 조금 쌀쌀했다. 나는 나란히 누워 있는 아빠 엄마 사이로 쏙 들어갔다. 둥그렇고 단단하고 따뜻한 엄마 배에 손을 올렸더니 아기가 내 손을 발로 찼다. 요 녀석이? 나오기만 해 봐라!

집 안의 모습

고조선의 집은 주인의 지위에 따라 크기가 달랐지만 대체로 가족이 함께 살 만했다. 집 안쪽에서는 주로 여자들이 지냈고, 남자들은 집을 지키느라 주로 문 쪽에서 잤을 것이다.

바닥 한쪽에 'ㄱ'자 형태로 **쪽구들**을 만들었다. 한쪽 끝에서 불을 때면 불기운이 통로를 지나면서 위에 얹힌 넓적한 돌(구들장)을 데워 집을 따뜻하게 해 주었다.

벽에는 널판자를 둘러세우거나 나무껍질을 대어 습기를 막았다.

집 안 곳곳에 자그마한 **탁자**나 음식물을 보관하는 **그릇** 따위를 두었다.

기둥은 벽과 지붕을 만드는 데 중요한 구실을 해서 굵고 튼튼한 나무를 썼다.

집 한가운데에 **화덕**을 두어 음식을 만들거나 집을 따뜻하고 밝게 했다.

집 짓기

고조선 사람들은 집을 신석기 시대의 움집과 달리 땅 위에 세웠다. 튼튼한 기둥과 벽으로 이루어진 고조선의 집은 오늘날에 견주어도 뒤지지 않는 멋진 모습이었다.

먼저 **집 지을 터**를 정한 뒤 땅을 파서 **바닥**을 만든다. 바닥은 네모꼴이 많았다. 바닥의 흙은 불에 달구어 단단하게 만든다.

바닥을 만든 다음에는 **기둥**을 세운다. 보통 서너 줄로 세운 뒤 집의 나머지 뼈대를 만든다.

벽에는 널판자나 나무껍질을 대고, **지붕**에는 갈대나 짚을 엮어 얹었다. 집 안에는 **온돌**(쪽구들)과 **화덕**을 설치하였다.

내 동생 우서니

기원전 150년 7월 6일

엄마가 비명을 지르며 집 안을 기었다. 아기 나올 때가 된 것이다. 마을 아주머니들이 와서 엄마를 돌봐 주었다. 엄마는 온 마을이 울릴 만큼 소리를 질렀다. 저러다가 엄마가 죽을 것만 같아 눈물이 났지만, 겁이 나서 집 안에 들어가지 못했다. 아빠도 공방에 일하러 갔다가 금세 돌아와서 집 안을 기웃거렸다.

나는 아빠에게 기댔다. 아빠가 내 손을 힘주어 꼭 잡았다. 아빠는 아무렇지 않은 얼굴이었지만 아까부터 손을 떨고 있었다. 아빠도 겁이 나나 보다. 아빠가 겁내는 모습은 처음 봤다.

아기를 낳다가 잘못되면 둘 중 하나가 죽을 수도 있다. 운이 더 나쁘면 둘 다 죽을 수도 있다. 우리 마을에도 그런 집들이 있다. 우리는 엄마가 탈없이 아기를 낳기를 빌고 또 빌었다.

해가 하늘 꼭대기에 올라갔을 때 아기가 나왔다.
"응! 애! 응! 응! 응애!"

모기 소리 같은 울음소리가 들렸다. 야진이 엄마가 고개를 내밀고 딸이라고 알려 주었다. 아빠가 활짝 웃었다. 한참 있다가 야진이 엄마가 아빠에게 손짓을 했다. 나는 천천히 들어가고 싶었는데 아빠는 꼬리에 불붙은 다람쥐처럼 달려갔다. 불도 때지 않았는데 집 안 공기가 따뜻했다. 비릿한 피 냄새도 났다.

아기는 빨갛고 주름투성이인 데다 눈도 못 뜬 강아지처럼 끙끙대기만 했다. 다른 집 여자아이들은 예쁜데 내 동생은 못생겼다. 이제 아기를 낳아서 안 아프냐고 엄마에게 물었더니, 아까보다는 덜 아프지만 아직도 아프다고 했다. 엄마는 아프다면서도 아기가 예쁘다고 웃었다.

동생이 태어나서 우리 집 식구는 네 명이 되었다. 다른 집도 네 명 아니면 다섯 명이다. 가끔 여섯 명, 일곱 명인 집도 있다. 엄마에게 남자 아기를 세 명만 더 낳아 달라고 했더니 화를 냈다. 나는 식구 많은 게 좋은데…….

친척들이 축하하러 왔다. 집 안에는 들어오지 않고 아빠를 불러내 어깨를 토닥였다. 고생은 엄마가 했는데 칭찬은 아빠가 받았다. 아빠는 아기 이름을 우서니라고 지었다. 집도 넓히고 아기도 나왔으니, 나중에 마을 잔치를 벌인다고 했다. 나는 잔치를 좋아한다. 우리 마을은 집이 모두 팔십 채쯤 되니까 아주 큰 잔치가 될 것 같다.

마을에서 국가로

가족이 모여 마을을 이루고, 마을이 모이면 큰 지역 사회를 이룬다. 고조선은 이 지역 사회가 발달해서 만들어진 국가였다.

사회를 이루는 기본 단위는 **가족**이다. 고조선 사회의 가족은 아버지와 어머니, 그리고 아이들로 이루어졌다.

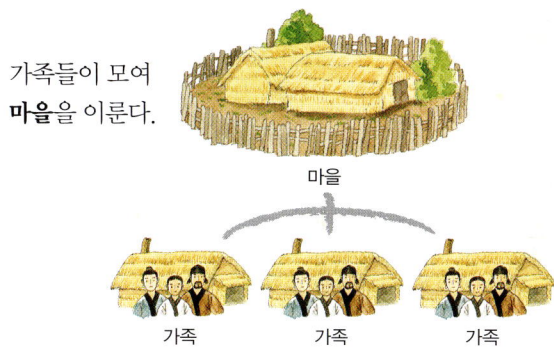

가족들이 모여 **마을**을 이룬다.

큰 지역 사회는 여러 마을이 모여서 만들어졌다. 마을 중에는 다른 마을을 이끌어 가는 큰 마을, 곧 **국읍**이 있었다.

두암이와 돼지 발

기원전 150년 7월 7일

우서니 소식이 벌써 마을 안에 퍼졌나 보다. 친구들과 가재를 잡으러 뒷산 계곡으로 가는데 마주치는 사람들마다 알은체를 했다. 공방 삼촌들이 언제 잔치를 하냐며 입맛을 다셨다. 울타리를 고치던 마을 형들도 잔치 소식을 궁금해 했다. 왠지 내가 중요한 사람이 된 것 같아 기분이 좋았다.

밭에서 콩을 따던 누나들이 나를 불렀다. 나도 모르게 침을 꿀꺽 삼켰다. 땀 냄새 나는 형들은 괜찮은데, 볼이 발그레한 누나들 앞에 가면 왠지 긴장이 되었다.

"애기 보고 싶은데 언제 가면 되니?"

그러자 뒤에 있던 무남이네 할머니가 허리를 끙 펴며 소리를 질렀다.

"이것들아, 놀 궁리만 하지 말고 애기 보고 싶으면 얼른 시집가! 지긋지긋하게 볼 수 있을 테니."

누나들이 까르르 웃었다. 귀가 아프면서도 기분이 좋아지는 웃음소리였다.

뒷산에는 계곡 물이 차가워서 그런지 가재가 눈에 잘 띄지 않았다. 친구들과 함께 입술이 파래질 때까지 물장난을 치다가 햇볕 드는 곳에 앉아 우리 마을을 바라보았다. 꼬물꼬물 개미처럼 움직이는 사람들이 보였다. 멀리서 보일락 말락 연기가 피어올랐다. 우리 마을보다 조금 크다는 무돌마을이 있는 쪽이었다. 무돌마을 쪽으로 외길이 구불구불 이어져 있었다. 나는 그 길을 따라가 보고 싶었다. 그러면 나라님이 계시는 왕검성으로 갈 수 있다던데.

마을 쪽에서 고함 소리가 났다. 사람들이 족장님 집으로 몰려들었다. 나와 친구들은 산길을 달려 내려갔다. 족장님 집 앞에는 커다란 멧돼지가 놓여 있었다. 멧돼지 엄니가 내 손가락만큼 길었다. 족장님을 따라 사냥을 나갔던 마을 형들이 횃불을 밝혔다. 나는 어른들 몰래 멧돼지를 만져 보았다. 털이 고슴도치만큼 억셌다. 형들이 우리를 쫓아내고는 우르르 몰려들어 멧돼지를 메고 냇가로 갔다.

뒷짐을 지고 있던 족장님이 나를 부르더니 엄마가 아기를 낳았느냐고 물었다. 족장님이 어떻게 우리 아기까지 알고 있는지 신기했다.

밤에 족장님네 노비 두암이가 돼지 발을 가지고 찾아왔다. 돼지 발을 먹으면 젖이 잘 나온다며 족장님이 보냈다고 한다. 두암이는 아빠랑 돼지 발 삶는 방법에 대해 한참 동안 이야기하다가 돌아갔다. 두암이는 나만 할 때 전쟁터에서 잡혀 온 노비다. 두암이는 힘세고 부지런한 데다 늘 웃는 얼굴이다. 그래서 마을 사람들은 모두 두암이를 좋아한다.

자려고 누웠는데 자꾸 웃음이 나왔다.

나는 쫄깃쫄깃한 돼지 발을 좋아한다. 내일은 돼지 발을 먹을 수 있다. 그런데 돼지 발을 먹고 나한테서도 젖이 나오면 어쩌지? 나는 돼지 발을 먹을까 말까 망설였다.

즐거운 잔치

기원전 150년 7월 28일

엄마가 다른 집 아줌마들을 불렀다. 집도 새로 짓고 동생도 생겼기 때문에 아빠가 전부터 별러 온 잔치를 준비하기 위해서였다. 잔치에는 보통 때는 먹을 수 없는 떡이랑 고기가 있고 물고기 요리도 나온다. 엄마는 아빠에게 집에서 기르는 돼지 한 마리를 잡아 달라고 했다. 닭 여섯 마리는 엄마가 직접 잡았다.

아빠가 족장님에게 부탁해 두암이를 불렀다. 두암이가 돼지를 잡고 고기 발라내는 일을 잘한다지만 아빠 속셈이 빤히 보였다. 아빠가 마음에 들어 하는 두암이에게 고기를 먹이고, 얼마 전 돼지 발을 보내 준 족장님에게 답례로 돼지고기를 보내려는 것이다. 아빠는 엄마 먹으라고 돼지 발을 따로 챙겨 두었다.

두암이는 칼로 돼지를 조각조각 나누었다. 고기는 고기대로, 내장은 내장대로, 껍질은 껍질대로, 비계는 비계대로 거침없이 쓱쓱이었다. 짐승을 잡을 때는 아이들에게 잘 보여 주지 않지만, 우리 집 돼지를 잡는 거라서 가까이 볼 수 있었다.

두암이가 돼지 오줌보를 던져 주었다. 나는 오줌보

에 바람을 넣어 친구들과 발로 차고 놀았다. 무남이는 실수로 돌멩이를 차는 바람에 엄지발톱이 빠졌다. 그래도 우리는 울고 있는 무남이를 나무 밑에 앉혀 놓고 날이 저물 때까지 뛰어놀았다.

저녁때가 되자 마을 사람들이 놀러 왔다. 어른들은 술을 마시면서 시끄럽게 떠들었다. 나는 배가 올챙이처럼 될 때까지 이것저것 집어 먹었다. 숟가락 놔두고 손으로 먹는다며 혼이 났지만 그게 더 빨랐다. 내 친구들도 다 손으로 먹었다. 꼭 빨리 먹기 시합을 하는 것 같았다.

모두들 즐겁게 먹고 웃으며 노는데 기분 나쁜 일이 생겼다. 공방에서 일하는 용대 아저씨가 술에 취해 아빠에게 시비를 걸었다.

"날 우습게 보지 말란 말이야. 까놓고 말해서 용광로 밥은 내가 더 먹었어. 다른 마을 출신이라고 깔보는 거 다 알아!"

나는 아빠가 화를 낼까 봐 무서웠다. 다행히 아빠는 좋은 날이니까 참는다며 자리를 피했다. 아빠가 자리를 피하자 용대 아저씨는 혼자서 떠들다가 잠이 들었다. 아빠가 공방 우두머리여서 좋은 줄만 알았는데 이런 일도 있다. 내가 우두머리라면 용대 아저씨 같은 사람은 혼을 내서 쫓아 버리겠다.

그릇과 부엌살림

고조선의 그릇은 밥 짓기, 담아 먹기, 고기 찌기, 물 뜨기, 술 따르기, 저장하기 등 쓰임새에 따라 크기와 모양이 다양했다. 그릇 말고도 갖가지 조리 도구가 있어 고조선의 부엌살림을 이루었다.

곡식을 수확하면 **저장 용기**에 담아 바람이 잘 통하는 곳간에 보관했다. 바로 먹을 것은 항아리 같은 데에 담아 집 안에 두었다.

굽 달린 접시

굽 달린 사발

굽 달린 보시기

밥을 비롯한 여러 가지 **음식을 담는 그릇**이 있었다.

단지 / 독 / 항아리

음식을 만들기 위한 **조리 도구**도 많이 갖추고 있었다.

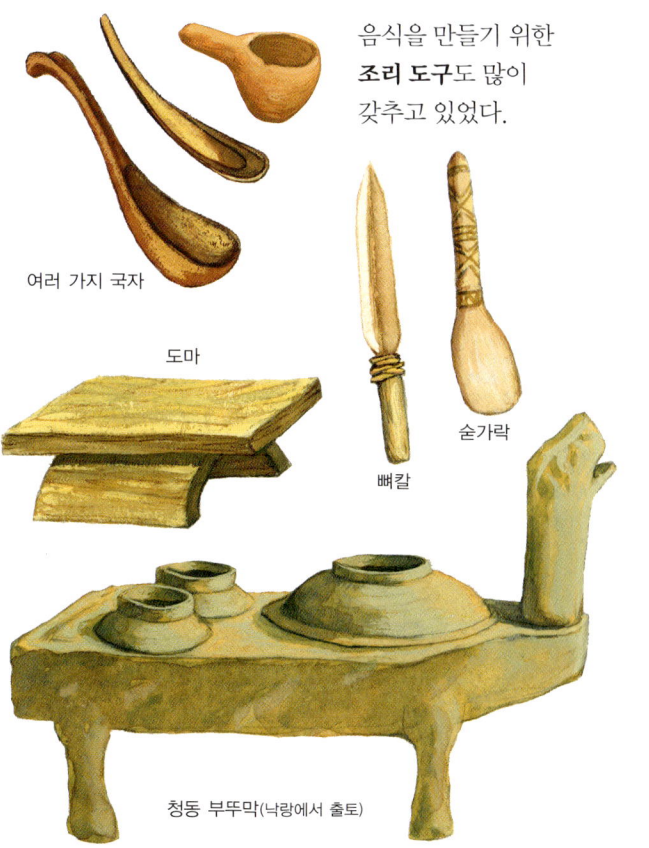
여러 가지 국자 / 도마 / 뼈칼 / 숟가락 / 청동 부뚜막(낙랑에서 출토)

고조선 사람들은 자주 **음식을 쪄서** 먹었다. 먼저 화덕에 불을 지펴 솥의 물을 끓인다. 그러면 뜨거운 김이 **시루** 바닥의 구멍을 통해 올라가 음식을 찐다.

구멍이 뚫린 시루의 바닥 / 시루 / 솥 / 물 / 화덕

여러 가지 먹을거리

고조선 사람들은 주로 잡곡으로 지은 밥과 여러 가지 음식을 함께 먹었다. 넉넉하지는 않아도 먹을거리의 종류는 지금과 크게 다르지 않았다.

농사가 발달하면서 곡물을 주식으로 먹게 되었다. **쌀**은 귀해서 주로 귀족이 먹었고, 대부분의 주민들은 **잡곡**을 먹었다.

쌀, 기장, 조, 콩, 수수

고기를 먹기 위해 여전히 사냥을 많이 했다.

멧돼지, 사슴, 토끼

밥과 고기 말고도 **생선**, **조개**, **채소**, **나물**, **나무 열매** 등 다양한 음식을 먹었다. 음식 맛을 내기 위해 **양념**도 넣었다.

이면수, 명태, 고등어, 홍합, 송어, 전복, 굴, 소라, 고사리, 대추, 도라지, 미나리, 호두, 소금, 콩으로 만든 장, 마늘

19

군사 구경

기원전 150년 8월 13일

아빠 공방에 관리와 군사들이 왔다. 친구들이랑 몰려가서 구경했다. 관리와 군사들은 옷부터 달라 보였다. 우리가 입은 옷은 감이 거칠고 올이 굵은 데다 색깔도 칙칙했다. 하지만 관리와 군사들이 입은 옷은 올이 가늘고 부드러웠다. 관리들이 입은 옷에는 장식이 많아서 걸을 때마다 찰그랑찰그랑 소리가 났다. 군사들은 허리에 긴 칼을 차고 있어서 걸을 때마다 철컥철컥 소리가 났다.

공방 앞 느티나무에는 말이 여러 마리 매여 있었다.

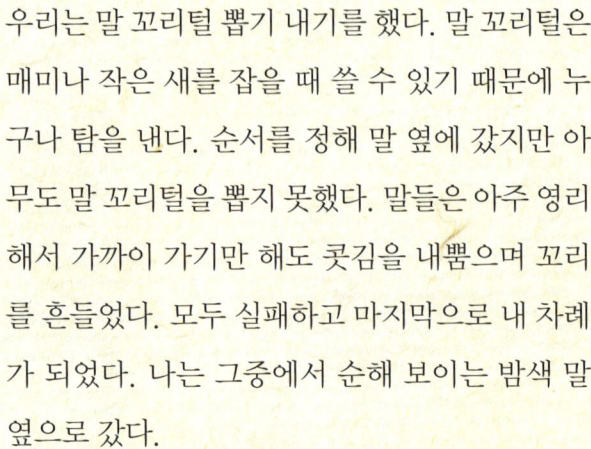

우리는 말 꼬리털 뽑기 내기를 했다. 말 꼬리털은 매미나 작은 새를 잡을 때 쓸 수 있기 때문에 누구나 탐을 낸다. 순서를 정해 말 옆에 갔지만 아무도 말 꼬리털을 뽑지 못했다. 말들은 아주 영리해서 가까이 가기만 해도 콧김을 내뿜으며 꼬리를 흔들었다. 모두 실패하고 마지막으로 내 차례가 되었다. 나는 그중에서 순해 보이는 밤색 말 옆으로 갔다.

"착하지, 말아? 가만히 있어. 착하지?"

조용조용 달랬더니 말이 얌전히 있었다. 말 꼬리털 한 가닥을 뽑으려다가, 이왕 뽑는 김에 친구들에게도 나눠 주려고 대여섯 가닥을 손에 꼭 감아 쥐었다. 손에 힘을 주는 순간, 어디서 큰 소리가 났다.

'빡!'

세상이 깜깜해졌다가 한참 후에 다시 밝아졌다. 친구들이 나를 내려다보며 죽었다는 둥 머리가 깨졌다는 둥 떠들어 댔다.

내가 살아 있다는 걸 알려 주려고 눈을 깜빡거렸다. 눈을 감을 때마다 머릿속이 웅웅 울렸다. 친구들 뒤로 말 임자인 군사가 나를 굽어보고 있었다. 혼날까 봐 걱정했는데, 그 군사는 말발굽에 차인 내 이마를 살펴보더니 껄껄 웃었다. 군사는 칼로 말 꼬리털을 조금 베어 내게 쥐여 주었다. 나는 말 꼬리털보다 칼에서 눈을 뗄

20

옷차림

고조선 사람들은 대부분 바지와 저고리를 입었다. 옷감 짜는 기술이 발달해 비단과 삼베 같은 옷감으로 옷을 만들어 입었다.

귀족들은 바지와 저고리 말고도 **두루마기** 같은 옷을 덧입었다. 또 가죽신과 허리띠에 청동 장식을 달기도 했다.

여러 가지 옷감

수가 없었다. 날카로운 쇠칼이 거울처럼 번쩍거렸다. 위험한 줄은 알지만 칼날에 손가락을 대 보고 싶었다.

군사와 관리들이 말을 타고 족장님 집으로 갔다. 큰 말을 탄 모습을 보니 나도 군사가 되고 싶었다. 친구들에게 말 꼬리털을 나눠 주고 있는데, 야진이가 뒤늦게 달려와 여자 귀족을 봤다며 호들갑을 떨었다. 족장님 집 가까이 사는 무남이도 절뚝절뚝 달려와 마

고조선 사람들은 베 짜는 기술이 뛰어나서, 중국 사람들이 고조선의 베를 보물로 쳐줄 정도였다고 한다.

을에 여자 귀족이 왔다고 했다.

우리는 족장님 집으로 우르르 달려갔다. 족장님 집 앞에 날렵하게 생긴 수레가 있었다. 말도 여러 마리가 나무에 묶여 있었다. 조금 있다가 족장님과 관리, 군사들이 집에서 나왔다. 마지막으로 나온 사람은 여자 귀족이었다. 금귀고리에 금목걸이를 해서 걸을 때마다 온몸에서 반짝반짝 빛이 나는 것 같았다. 여자 귀족은 우리를 본체만체했다.

족장님의 딸 반야 아씨가 집에서 나와 여자 귀족을 배웅했다. 두 사람은 친한 친구인 듯 서로 손을 잡고 오랫동안 놓지 못했다. 반야 아씨도 예쁘지만 여자 귀족은 사람 같지 않게 더 예뻤다. 관리와 군사들이 여자 귀족이 탄 수레를 앞뒤로 에워싸고 마을을 떠났다. 우리는 말을 탄 사람들이 보이지 않을 때까지 꿈을 꾸듯이 몽롱하게 서 있었다.

갑자기 날카로운 목소리가 우리를 번쩍 깨어나게 했다.

"정신을 어디다 두고 있는 거야?"

반야 아씨 목소리였다. 반야 아씨가 달려와 회초리를 치켜들었다. 나도 모르게 팔을 들어 얼굴을 가렸는데, 비명을 지른 사람은 내 옆에 서 있던 반야 아씨의 몸종 양동이였다. 양동이는 도망가지도 못하고 주저앉아서 매를 맞았다.

"내가 물 떠 오라고 몇 번이나 불렀는지 알아? 도대체 뭐에 넋이 팔린 게야!"

우리는 슬금슬금 자리를 피했다. 성난 반야 아씨는 꼭 독 오른 뱀 같았다. 개구리처럼 주저앉아 얻어맞는 양동이가 불쌍했지만 어쩔 수 없었다. 양동이는 반야 아씨의 종이니까.

신분 제도

귀족　　평민　　노비

고조선 사회는 이미 귀족과 평민, 노비로 **신분**이 나뉘어 있었다. 이 신분은 부모에게서 자식으로 이어졌다.

귀족들은 말이 끄는 **수레**를 타고 다녔는데, 수레는 햇볕을 가리는 일산(커다란 양산)과 갖가지 말갖춤 장식으로 꾸몄다.

버섯과 물고기

기원전 150년 8월 15일

친구들이랑 어젯밤 냇가에 쳐 놓은 통발을 건지러 갔다. 손바닥보다 큰 붕어와 모래무지들이 통발 안에서 퍼덕거리고 있었다. 버드나무 가지를 끊어 물고기의 아가미를 꿰었다.

산에서 내려오던 여자애들이 우리 곁으로 지나갔다. 손에 든 망태에는 버섯이 들어 있었다. 갑자기 향긋한 버섯이 먹고 싶었다. 여자애들 중에도 물고기를 먹고 싶은 사람이 있을 것 같았다. 나는 친구들과 함께 여자애들에게 물고기를 나눠 주었다. 우리가 물고기를 주면 버섯을 받을 줄 알았는데, 걔들은 그냥 가 버렸

다. 여자애들 웃음소리가 기분 나빴다.

"이 얌체들아!"

친구들 몇이서 소리를 질렀다.

함께 가던 양동이가 발길을 돌려 우리 쪽으로 뛰어왔다. 양동이는 나보다 다섯 살이나 많다. 종이라서 반말을 하지만 그래도 큰누나뻘이다. 어떻게 해야 하나 눈치를 보고 있는데 양동이가 망태를 열었다.

"미안해. 버섯을 나눠 주고 싶었는데 다들 그냥 가는 바람에……."

나는 버섯을 조금만 집고 큰 물고기 한 마리를 양동이 망태에 넣어 주었다. 양동이가 나를 보며 환하게 웃었다. 나는 우두커니 서서 마을로 달려가는 양동이 뒷모습을 바라보았다. 기분이 이상했다. 양동이가 또 웃어 준다면 내가 잡은 물고기 절반을 줘도 아깝지 않을 것 같았다.

엄마가 물고기 배를 따고 비늘을 긁어낸 다음 잿불에 구웠다. 고소한 냄새가 집 안에 가득 찼다. 저녁을 먹고 집 안 정리가 끝나자, 아빠는 엄마와 내게 할 말이 있으니 들어 보라고 했다.

아빠가 진지한 얼굴로 말했다.

"내일부터 우지기한테 공방 일을 시켰으면 하는데."

엄마가 들고 있던 일감을 내려놓았다. 나는 침을 꿀꺽 삼켰다. 드디어 때가 된 건가? 엄마가 울 것 같은 얼굴로 나를 바라보았다. 엄마는 내가 아직 어리다고 생각하겠지만 나도 클 만큼 컸다. 아빠가 엄마 어깨에 손을 올려놓았다. 엄마가 고개를 끄덕였다. 나도 아빠를 보며 고개를 끄덕였다. 이제 나도 어른이 된다!

처음 공방에 간 날

기원전 150년 8월 26일
아침 일찍 아빠를 따라 공방에 갔다. 공방에는 삼촌들과 사촌 형, 용대 아저씨가 벌써 와 있었다. 아빠가 내 어깨에 손을 올리고 말했다.
"오늘부터 우지기가 공방 막내다. 내 눈치 보지 말고 야무지게 가르쳐라."
큰삼촌이 시키는 대로 아침나절에는 철광석을 날랐다. 창고는 가까웠지만 철광석이 워낙 무거워서 점심때쯤 되니까 다리가 후들거리고 허리가 아팠다. 내가 자꾸 허리를 두드렸더니, 작은삼촌이 오후에는 풀무질을 하라고 했다. 화덕에 바람을 넣는 풀무질도 생각처럼 쉽지 않았다. 풀무 손잡이를 잡고 끊임없이 바람을 넣어야 해서 쉴 틈이 없었다. 나는 이를 악물고 풀무질을 했다. 땀이 비 오듯 쏟아졌다.

저녁을 먹고 나서 바로 드러누웠다. 허리가 끊어질 것처럼 아팠다. 공방 일이라면 달아오른 쇠를 치지직 김이 나도록 물에 담금질하거나 망치로 불꽃이 번쩍번쩍 튀도록 메질을 하는 줄만 알았는데, 이렇게 단순한 일만 시킬 줄은 몰랐다. 부글부글 화가 나려는데 아빠가 내 곁에 앉았다.
"힘들지? 이겨 내야 돼. 그렇게 몇 년이 걸려야 겨우 기술을 배우는 거야. 그래서 공방 기술자들이 대접을 받는 거고."

아빠가 내 머리를 쓰다듬어 주고 밖으로 나갔다. 눈물이 핑 돌았다. '그래, 한번 하기로 한 거, 누가 이기나 끝까지 해 보자.'

사실 몸 아픈 건 참아 보겠는데 눈총 받는 건 참기가 힘들다. 용대 아저씨는 표 나게 나를 싫어한다. 용대 아저씨는 다른 마을에 살다가 십 년 전쯤에 우리 마을로 이사 왔다. 다들 뒤에서는 용대 아저씨가 나쁜 짓을 하고 도망 온 거라고 수군거렸다. 이사 올 때 철기를 많이 들고 와서 족장님이 받아 줬다는 말도 있었다. 훔치지 않았으면 그 귀한 철기가 어디서 났겠느냐는 게 어른들 말이었다. 게다가 용대 아저씨는 종종 잘난 척을 해서 사람들이 싫어했다.

용대 아저씨는 자기 아들 마루를 공방 일꾼으로 만들고 싶어했는데 내가 와서 기분이 상했을 거다. 좀 미안하긴 하지만 어쩔 수 없다. 귀족 가문에서 태어나면 놀아도 귀족이 되고, 공방 가문에서 태어나면 대장장이가 되고, 노비로 태어나면 죽을 때까지 몸부림쳐도 노비다. 생각해 보면 아빠가 공방 우두머리여서 얼마나 다행인지 모른다.

중국에서 온 철기

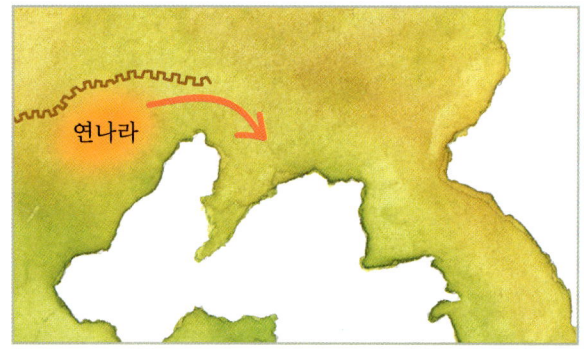

기원전 4세기에서 기원전 3세기 무렵, 이웃 나라인 **연나라**에서 철기를 사용하는 많은 주민들이 한꺼번에 고조선 땅으로 이주해 왔다. 이때 고조선에 **철기 문화**가 전해졌다.

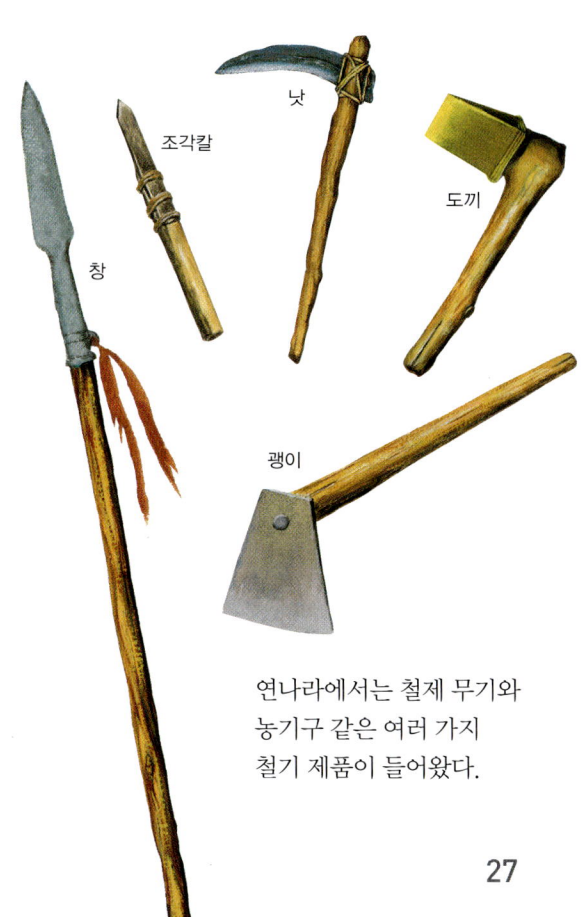

연나라에서는 철제 무기와 농기구 같은 여러 가지 철기 제품이 들어왔다.

27

벼 베기

기원전 150년 9월 28일

야진이 아버지가 무딘 낫을 들고 공방에 왔다. 아빠가 낫을 숫돌에 정성스럽게 갈아 날을 세워 주었다. 낫은 우리 마을을 다 뒤져도 몇 개 없을 만큼 귀하다. 야진이 아버지가 손가락으로 낫날을 튕겨 보았다. 들릴락 말락 맑은 소리가 났다. 아빠가 쉬었다 가라고 붙잡았지만 야진이 아버지는 고개를 저으며 논으로 갔다.

야진이 아버지가 앉았던 자리에 머리를 묶는 천이 떨어져 있었다. 아빠가 내게 그 천을 갖다주라고 했다. 공방 일을 빼먹고 야진이랑 놀 핑곗거리가 생겼다. 나는 웃지 않으려고 고개를 숙였다.

마을을 둘러싼 통나무 방책을 벗어나자 논이 펼쳐졌다. 고개 숙인 벼 이삭이 바람이 불 때마다 묵직하게 흔들렸다. 파란 하늘 아래 누렇게 익은 벼가 예뻤다. 나는 손으로 벼 이삭을 만지며 논두렁길을 걸었다. 논 위쪽에 있는 밭에서도 가을걷이가 한창이었다. 공방에서 일하는 사람들만 빼고 온 마을 사람들이 가을걷이에 매달려 있었다.

야진이 아버지에게 머리천을 돌려주고 나는 야진이를 꼬드겼다. 몰래 산에 가서 놀자고 했는데, 놀기 대장 야진이가 뜻밖에 고개를 저었다. 놀고 싶지만 일을 해야 한다고 했다. 혼자 놀러 갈까, 공방으로 돌아갈까 망설이는데 야진이 아버지가 물 심부름을 시켰다. 물을 떠다 줬더니 이번에는 볏단을 옮기라고 했다.

다들 땀을 뻘뻘 흘리며 일하는데 싫다고 할 수가
없어서 시키는 대로 했다. 까끌까끌한 벼에 팔과 목이
긁혀 따가웠다. 긁힌 자국이 빨갛게 부어올랐다. 농사
일을 얕봤는데 쉬운 일이 아니었다. 야진이 아버지가
쉬었다 하자며 항아리에 담긴 물을 떠서 마셨다.

"농사를 지어 봐야 밥이 귀한 줄 안다. 쌀 한 톨이
땀 한 방울이야."

내가 보기엔 농사가 잘된 것 같은데 야진이 아버지
는 흉년에 가깝다고 했다. 그래서인지 일하는 사람들
얼굴에 웃음기가 없었다. 분위기가 그런 바람에 집에
간다고 빠져나올 수가 없어서 나는 어두워질 때까지
일을 도왔다. 온몸이 땀투성이가 되어 집에 갔더니 아
빠가 공방 일은 안 하고 놀다 왔다고 야단을 쳤다. 내
사정도 모르고.

발달한 농사 기술과 철제 농기구

고조선은 농업이 발달한 나라였다. 그때 벌써
따비로 땅을 갈아 이랑 내는 법을 알고 있었다.
처음에는 주로 돌이나 나무로 만든
농기구를 사용하다가 나중에는
쇠로 만들어 썼다.

농사를 짓기 위해 먼저 적당한 땅을 골라
도끼로 나무를 베고 불을 질렀다.
나무뿌리와 돌을 캐내고 땅을 고르면
밭이 만들어졌다.

돌도끼

쇠도끼

따비나 **보습**, **괭이**로
두둑과 고랑을 만든 뒤,
씨앗을 뿌린다.

따비

곡식이 익으면 **수확**을 한다.
처음에는 **반달 돌칼**로 곡식의
이삭만 따다가 나중에는
쇠낫으로 밑동째 잘라 냈다.

괭이

반달 돌칼

쇠낫

곡식을 수확하면 커다란 항아리나 곳간에
보관했다. 또는 지하 저장 시설에 두기도 했다.
먹을 때는 **갈판**이나 **절구**를 이용해 껍질을 벗겼다.

갈돌과 갈판

공이와 절구

농사짓기

고조선 사람들은 대개 마을 근처 밭에서 온 식구가 함께 농사를 지으며 생활했다. 그러다 점차 습하고 낮은 땅에 논농사도 짓기 시작했다.

농사는 주로 **밭농사**였다. **밭**은 마을 근처의 경사가 심하지 않은 비탈이나 언덕에 만들었다. 씨는 대개 두둑에 뿌렸다.

두둑 고랑

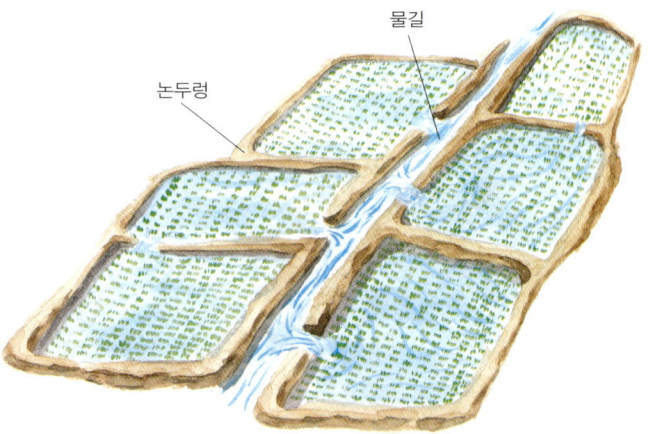

물길
논두렁

논에서는 **쌀농사**를 지었다. 논은 언덕 마을 아래쪽 평지와 골짜기의 낮은 땅에 만들었다. 논에는 물을 끌어와 가두어 두기 위해 물길을 내고 논두렁을 만들었다.

가난한 가을

기원전 150년 9월 30일

가을걷이가 계속되는 동안 온 마을 사람들은 정신없이 바빴다. 해는 점점 짧아지는데 일할 거리는 많으니, 자기 그림자가 어디 붙어 있는지도 모를 정도로 바삐 움직여야 했다. 사람들은 논과 밭에서 곡식을 거두어들이는 틈틈이 산에서 열매를 따 오고, 물고기를 잡고, 마와 더덕, 도라지 따위를 캐서 말리기도 했다. 부지런하기만 하면 어디서나 먹을 것을 찾을 수 있지만, 그래도 가장 중요한 양식은 논과 밭에서 나왔다.

내 친구들까지 놀지 않고 열심히 일했는데도 어른들은 올해가 흉년이라고 했다. 비가 많이 와야 하는 여름에는 덜 오고, 비가 오지 않아야 할 가을에는 많이 오는 바람에 낟알이 잘 여물지 못했다고 한다. 잘 모르는 내가 봐도 곡식 더미가 작년보다 훨씬 작았다. 게다가 세금을 낼 때가 되니 어른들 얼굴이 딱딱해졌다. 흉년에 세금까지 내야 한다니, 아깝기도 하고 억울하기도 할 것 같다.

저녁이 되어 집에 가려는데 야진이 아버지가 공방에 왔다. 뭔가 중요한 이야기를 할 것 같은 얼굴이었다. 아빠가 야진이 아버지 뒤를 따라 나갔다. 공방에서 멀지 않은 곳에서 이야깃소리가 들렸다. 야진이 아버지는 이대로 가면 겨울나기가 힘들다며 족장님에게 세금을 줄여 달라고 말하겠다고 했다. 그러면서 아빠더러 함께 가 달라고 했다. 우리 아빠는 농사도 안 짓는데?

내 생각을 들기라도 한 듯이 야진이 아버지가 이렇게 말했다.

"자넨 공방 우두머리잖아. 자네만큼 족장님이 믿는 사람도 없어."

아빠가 함께 가겠다고 하자, 야진이 아버지는 기쁜 얼굴로 돌아갔다.

"낄 때 안 낄 때를 알아야지. 저러다 큰코다치려고, 쯧쯧……."

어느 결에 왔는지 내 뒤에서 용대 아저씨가 혀를 찼다. 아빠에게 하는 말 같아서 기분이 나빴다. 나는 벌떡 일어나 아빠 곁으로 갔다. 용대 아저씨가 뭐래도 아빠가 옳다. 누가 진정한 친구인지는 어려울 때 알 수 있는 거다.

불평등이 생긴 고조선

벼농사를 짓고 철제 농기구를 사용하면서 농사로 거두는 곡식이 예전보다 더 많아졌다. 이제 **먹고 남는 식량**이 더욱 늘어났다.

먹고 남는 식량을 차지하기 위해 서로 다투는 동안 가진 사람과 못 가진 사람 사이에 **불평등**이 생겨났다. 백성이 내야 하는 세금은 그런 차이를 더 크게 만들었다.

시간이 흘러 그러한 불평등은 더욱 커졌다. 특히 지배자들은 전쟁에서 이기면 상대방 백성을 **노비**로 삼아서 재산을 더 많이 늘릴 수 있었다.

추수 감사 의례

기원전 150년 10월 10일

보름 전쯤 족장님이 추수 감사 의례를 지낼 날을 정했다. 바로 오늘이다. 어른들은 술 단지를 열고 돼지를 잡았다. 삶고 굽고 찌고 갖가지 음식을 해서 마을에는 맛있는 냄새가 가득했다. 나는 일 년 중 추수 감사 의례를 지내는 날이 가장 좋다. 올해는 흉년이 들어 건너뛰나 했는데 그러지는 않았다.

보름달이 둥실 떠오르자 족장님이 제사를 올렸다. 여기저기 피워 놓은 모닥불 불빛에 비친 족장님 얼굴이 엄숙해 보였다. 족장님이 두 팔을 들자, 옷에 매달린 거울과 방울들이 부딪쳐 맑고 깊은 소리가 났다.

족장님은 오랫동안 보름달을 우러르고 나서 입을 열었다.

"내 몸 같은 부족민들이여! 올해 우리가 흘린 땀은 우리 곳간으로 다 돌아오지 않았다. 해가 뜨거울 때 열심히 일한 우리는 이제 해가 식는 겨울을 맞이하게 되었다. 곳간이 가득 차지 않았으니 우리를 기다리는 것은 추운 겨울과 주리는 봄일 터이다. 그러나 오늘이라도 실컷 먹고 마시면서 스스로를 상 주고 위로하여라. 뿌린 땀과 뱉은 말과 행한 행동은 언제고 돌아오는 법.

먼 훗날 생각지 않은 때에 우리에게 돌아와 곳간을 가득 채워 줄 올해의 땀을 생각하며 오늘은 즐기어라. 달이 밝지 아니한가! 우리 부족이 모두 강건하지 아니한가!"

잔치가 시작되었다. 나는 친구들과 마을을 뛰어다니며 신나게 놀았다. 오늘 같은 날이 일 년에 한 번뿐이라는 게 아쉬웠다. 어른들도 같은 마음인지 노래를 부르고 춤을 추었다.

모닥불이 활활 타올랐다. 보름달이 하늘로 둥실 솟아올랐다. 청동 거울처럼 동그란 달에 돌멩이를 던지면 쨍 소리가 날 것 같았다.

의례

자연에 순응하며 살아간 고조선 사람들은 해마다 조상신인 하느님께 제사를 지냈다. 제사를 주관하는 제사장은 왕과 족장들이었다. 이들은 아마도 단군 신화의 내용을 재현하는 의식을 베풀었을 것이다.

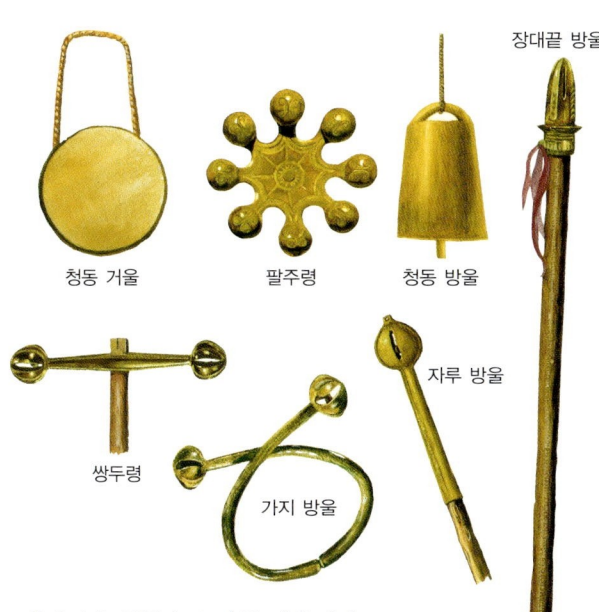

청동 거울 팔주령 청동 방울 장대끝 방울
쌍두령 가지 방울 자루 방울

제사장은 청동으로 만든 거울이나 여러 가지 방울 같은 **의례 도구**를 몸에 지니고 제사 의식을 베풀었다.

공후 뼈피리

제사 때는 **악기**로 음악을 연주하며 **춤과 노래**를 즐겼을 것이다.

국경의 장터

기원전 150년 10월 12일

오늘은 국경 지대로 장사하러 가는 사람들이 떠나는 날이다. 아침부터 마을이 소란스러웠다. 한나라 상인들과 만나는 국경까지는 보름이나 걸어야 하는 먼 길이다. 가다가 맹수를 만날 수도 있고, 가끔 도둑이나 강도가 나타나기도 한다. 족장님이 하나하나 꼼꼼하게 점검했다. 마을 사람들이 거의 다 빈터에 모여 구경하는 바람에 잔치처럼 들뜬 분위기가 되었다.

족장님은 두암이와 다른 노비들을 시켜 창고에서 짐승 가죽을 꺼내게 했다. 한나라 상인들이 가장 좋아하는 호랑이 가죽은 없지만 표범 가죽과 담비 가죽이 있었다. 짐승의 털이 길고 촘촘한 겨울철에 잡아 정성들여 손질한 좋은 가죽이어서 묶을 때도 털이 상하지 않도록 조심스럽게 다루었다. 집집마다 여자들이 곱게 짠 베도 내놓았다.

짐을 메고 갈 사람들과 무기를 들고 호위할 사람들, 단단히 묶어 놓은 짐 꾸러미를 보니 나도 따라가고 싶었다. 나는 아직 다른 마을을 구경한 적이 없다. 다른 나라 사람을 본 적도 없다. 며칠 동안 여행을 하고 한 나라 사람들을 만나 진귀한 물건을 사 가지고 돌아온다면……. 상상만 해도 꿈 같았다.

짐을 멘 사람들이 족장님 앞에 섰다.

"다치지도 말고 뺏기지도 말고 잘 다녀와라. 너희들의 수고가 우리 부족에게 큰 힘이 될 것이다."

짐을 멘 사람들이 줄지어 마을 밖으로 빠져나갔다. 마을 사람들이 방책 밖까지 나가 손을 흔들었다. 나는 공방으로 가지 않고 뒷산으로 달려갔다. 뒷산 봉우리에 서면 길 떠나는 사람들을 조금 더 지켜볼 수 있다.

산봉우리에 오르자 생각했던 대로 사람들이 보였다. 더 잘 보려고 나무 위로 올라갔다. 사람들이 점점 멀어지더니, 이내 먼 산 속으로 사라졌다.

나무에서 내려와 마을로 돌아오려는데 바위 위에 서 있는 두암이가 보였다. 두암이는 장사하러 떠난 사람들 쪽을 멍한 얼굴로 바라보고 있었다. 내가 가까이 가자 두암이는 깜짝 놀라더니 부랴부랴 마을로 내려가 버렸다. 꼭 몰래 똥 싸다 들킨 얼굴 같았다.

교역

고대 중국과 고조선 사람들은 서로 활발하게 교역을 했다. 고조선은 중국에 베, 짐승 가죽, 활과 화살, 말 따위를 수출했다. 수입품은 철기, 청동 거울, 비단 등 귀족들의 사치품이었다.

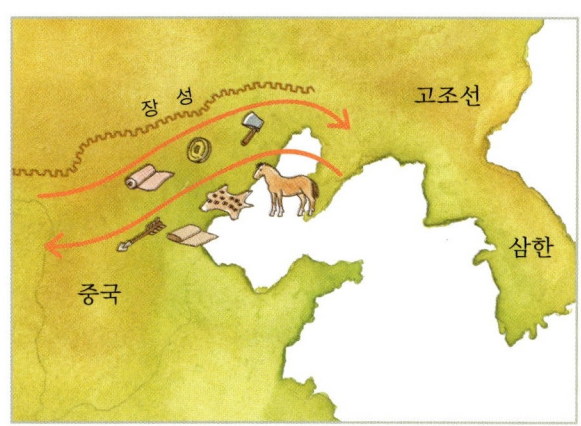

교역로와 오간 물건들
교역을 할 때는 중국의 장성 주변 교통로를 따라 오갔다.

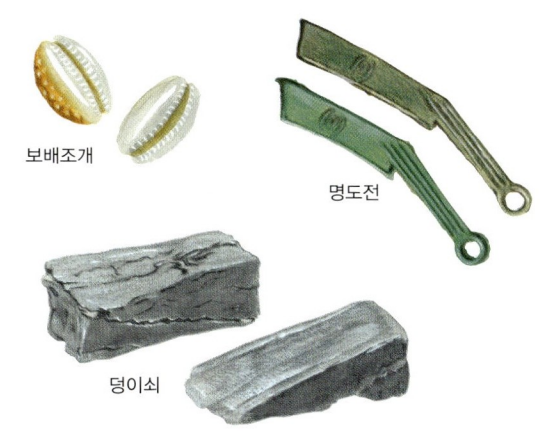

물건 값은 돈으로 치렀다. **보배조개**는 가장 오래전에 사용했던 돈이다. 녹여서 철제품을 만들 수 있는 **덩이쇠**도 돈 구실을 했다. 주로는 **명도전**같이 구리로 만든 돈을 사용했다.

37

공방의 하루

기원전 150년 10월 25일

공방에서 일한 지 벌써 두 달째다. 겨우 한 달쯤 지난 것 같은데 시간이 정말 빨리 간다. 무더운 여름에는 용광로를 쳐다보기도 싫었는데, 아침저녁으로 쌀쌀해진 요새는 용광로 열기가 반갑다.

야단맞는 횟수도 많이 줄었다. 요즘은 풀무질도 곧잘 한다고 칭찬을 듣는다. 아무튼 야단맞지 않으려면 실수를 하지 않아야 한다. 실수하지 않으려면 마음이 긴장해야 한다. 몸이 긴장하면 실수를 하지만, 마음이 긴장하면 일이 더 잘된다.

마음은 어서 기술자가 되고 싶은데 내가 하는 일은 여전히 철광석과 숯 나르기다. 철광석은 그나마 나은 편이다. 숯을 나르면 온몸이 까마귀처럼 새까매진다. 나를 보는 사람들마다 낄낄거리며 웃는다.

오늘은 용대 아저씨가 공방 뒤로 나를 불렀다. 용대 아저씨는 내 입에 삶은 밤을 넣어 주며 아빠 흉을 봤다. 나 같은 어린아이를 고생시킨다나? 나는 밤을 우물거리느라 대답하지 못했다.

"아버지한테 힘들어서 못하겠다고, 내년부터 하겠다고 해. 아니면 내후년에 해도 되잖아."

나는 목이 컥컥 메도록 포슬포슬한 밤을 억지로 삼켰다. 용대 아저씨 속셈은 뻔하다. 나 대신 자기 아들 마루를 공방에서 일하게 하려는 거다. 하지만 나는 절대 그만두지 않을 거다. 그동안 일한 게 억울해서라도 그럴 수 없다.

나는 용대 아저씨 눈을 똑바로 쳐다보며 말했다.

"저 대신 마루가 고생하는 꼴을 어떻게 봐요. 차라리 제가 고생할래요."

용대 아저씨가 남은 밤을 내동댕이쳤다. 나는 재빨리 공방 안으로 도망쳤다.

대장간의 일

고조선은 중국에서 철기 만드는 기술을 배워 여러 곳에 대장간을 만들었다. 대장간에서는 갖가지 청동기와 철기 제품을 만들었다. 주로 농사를 지었던 일반 주민들과 달리 장인들은 대장간 근처에 살면서 공방 일만 했을 것이다.

철기 만들기

철기 제품을 만들기 위해서는 일단 **철광석**이 필요하다. 숯으로 뜨겁게 달군 **용광로**에 철광석을 넣고 **풀무**로 바람을 넣어 온도를 높이면, 철광석 속의 철성분이 녹아 쇳물이 되어 흘러나온다.

앞의 과정을 여러 번 거친 뒤, 쇳물이 굳으면 철기 제품을 만들 수 있는 쇳덩이가 된다. 쇳덩이를 다시 불에 달구어 **모루**에 놓고 **망치**로 두드려 모양을 만든다.

모양을 만든 뒤에는 **숫돌**에 갈아서 날을 세운다.

여러 차례 불에 담금질하여 만들어 낸 **철검**은 무서운 전쟁 무기였다. 그리고 **쇠낫**은 곡식의 줄기를 쉽게 벨 수 있어서 수확할 때 일손을 크게 덜어 주었다.

청동기 만들기
청동기를 만들 때는 원하는 모양을 새긴 거푸집에 구릿물을 부어 넣는다. 구릿물이 식어서 굳으면 거푸집을 떼어 낸 뒤 청동기를 꺼낸다. 거친 면을 다듬거나 숫돌로 날을 세워 마무리한다.

슬픈 장례식

기원전 150년 11월 5일
며칠 전에 족장님이 돌아가셨다. 너무 갑작스러운 일이어서 깜짝 놀랐고 더 슬펐다. 족장님이 고라니 사냥을 나가서 벌어진 일이었다. 함께 사냥을 갔던 사람들은 모든 게 순식간이었다고 했다. 몰이꾼들이 고라니를 덩굴 우거진 작은 골짜기로 몰아넣었는데, 하필이면 그곳에 겨울잠 자리를 보던 곰이 있었다.

방해받은 곰이 뛰쳐나왔다. 보통 때라면 곰을 피했을 텐데, 족장님은 곰에게 짓눌린 몰이꾼 아저씨를 구하려고 창을 던졌다가 화가 난 곰에게 물려 죽었다. 나머지 사람들이 몰려들어 곰에게서 족장님의 시신을 뺏어 왔다. 곰은 엉덩이에 창이 꽂힌 채로 도망쳤다.

족장님의 동생이 새 족장이 되어 장례를 이끌었다. 높이 쌓아 놓은 나뭇단 위에 돌아가신 족장님을 눕히고 불을 붙였다. 타닥타닥 나무 타는 소리가 요란하게 났다.

불이 활활 타는 동안 사람들은 엉엉 울었다. 족장님의 딸 반야 아씨는 눈물을 흘렸지만 소리를 내지는 않았다. 양동이도 입술을 깨물며 울었다. 반야 아씨와 양동이가 우는 모습을 보니 나도 눈물이 찔끔찔끔 나왔다. 어머니를 일찍 여읜 반야 아씨는 이제 아버지마저 잃어 고아가 되었다. 불이 조금씩 잦아들자 사람들이 반야 아씨를 집으로 데려갔다.

두암이는 통나무처럼 꼼짝도 하지 않았다. 두암이는 여전히 울고 있는 양동이 옆에 우두커니 서 있었다. 아버지처럼 잘 대해 주던 족장님이 돌아가셨는데도 울지 않았다.

화장터의 장작들이 숯으로 변해 이글거렸다. 두암이는 아저씨들과 함께 마을 뒤 언덕으로 갔다. 무덤을 만든다고 했다. 애들은 오지 말라기에 나는 멀찍감치 떨어져서 무덤 파는 모습을 바라보았다. 새 족장님이 큰 소리로 이것저것 시키는 소리가 들렸다. 장례는 이제야 시작인 거다. 뼈를 골라내고, 정성 들여 무덤을 파고, 껴묻거리를 만들어야 한다. 족장님은 영원히 무덤 속에 있을 거다.

나도 언젠가는 죽을 거라고 생각하자 무서웠다. 사람은 왜 죽어야 할까? 죽지 않을 수는 없을까? 갑자기 내일이 오는 게 두려웠다. 밤이 되어 어두워지는 것도 싫었다.

나는 집으로 달려갔다. 아무것도 모르는 우서니가 나를 보고 웃었다. 나는 우서니를 오랫동안 안아 주었다. 처음 나왔을 때는 쭈글쭈글 못생겼는데 지금은 통통하고 따뜻해서 귀엽다. 우서니도 나이를 먹으면 죽을까? 우서니는 영원히 아기일 것만 같다. 그랬으면 좋겠다.

침입자

기원전 150년 11월 12일

새 족장님은 마을 사람들을 모두 불러 옛 족장님의 무덤을 크게 만들었다. 크기가 적당했으면 힘이 덜 들었을 텐데, 아빠가 본 것 중에서도 가장 큰 무덤이라고 했다. 무덤 때문에 마을 사람들은 한동안 혀가 빠질 만큼 고생을 했다.

그뿐이 아니었다. 무덤을 만드느라 다들 지쳤는데도 새 족장님은 복수를 해야 한다며 마을 형들을 데리고 곰을 잡으러 떠났다. 뒤에 남은 사람들은 새 족장님이 마을 사람들을 너무 부려 먹는다고 입을 모았다.

나는 친구들과 함께 늦밤을 주우러 뒷산에 갔다. 다람쥐들이 일찌감치 겨울잠을 자는 줄 알았는데 날씨가 따뜻해서인지 아직 돌아다니는 녀석들이 있었다.

밤나무 밑에 있던 다람쥐 두어 마리가 우리를 보고 화들짝 놀라 달아났다. 우리는 도토리만 한 돌을 던져 다람쥐 맞히기 놀이를 했다. 내가 큰 다람쥐 한 마리를 맞혔다. 다리에 돌을 맞은 다람쥐는 나무에 올라가지 못했다. 다람쥐가 다리를 절며 산 위쪽으로 달아났다. 금세 잡을 수 있겠다 싶어 열심히 쫓아갔지만, 다람쥐는 바위틈으로 쏙 들어가 버리고 말았다.

우리가 불쑥 나타나자 바위 옆 나무 그늘에 앉아 있던 사람이 놀라 벌떡 일어났다. 두암이였다. 우리를 본 두암이는 어색하게 웃으며 마을로 내려갔다. 자꾸 뒤를 돌아보는 게 좀 이상해 보였다.

그늘에서 땀을 식히고 다시 밤나무 숲으로 가려던 참이었다. 야진이가 멀리 손가락질을 했다.

"저게 누구야? 족장님이 벌써 곰을 잡았나?"

활을 메고 창을 든 사람들이 숲에서 슬그머니 모습을 드러냈다. 화살을 쏘면 날아갈 만한 거리였다. 우리 마을 사람이려니 생각했는데, 조심조심 둘레를 살피는 게 아무래도 수상했다. 바위 뒤에 숨어서 가만히 살펴보니 처음 보는 사람들이었다. 우리 마을 숲에 수상한 사람들이 나타난 것이다. 그것도 무기를 든 사람들이!

우리는 벌떡 일어나 마을로 달려갔다. 어깨에 멘 망태기에서 지금까지 주운 밤이 흩뿌려졌지만 그걸 돌아볼 때가 아니었다. 침입자가 나타났다!

우리가 고래고래 소리를 지르며 마을로 달려가자 어른들이 놀라서 모여들었다. 남자들이 재빨리 무장하고 숲으로 달려갔다. 우리는 숨을 가라앉히고 어른들이 묻는 말에 대답했다. 어른들은 우리가 뭘 잘못 봤다고 생각했는지 거듭 물었지만, 우리는 분명히 봤다. 게다가 그 시간에 숲에 나가 있던 어른은 하나도 없었다.

뒷산으로 몰려갔던 어른들이 빈손으로 돌아왔다. 어른들은 사냥을 나간 족장님과 형들을 당장 돌아오게 하려고 사람을 보냈다.

고인돌 만들기

고인돌은 청동기 시대 지배자의 무덤이었다. 고인돌은 무척 크기 때문에 마을 사람들 수백 명이 모여야 만들 수 있었다. 이런 고인돌을 만들 수 있는 고조선의 지배자는 막강한 권력을 지닌 사람들이었다.

돌 떼어 내기
바위틈에 나무 말뚝을 박고 홈에 물을 부으면 나무가 물에 불어 팽창한다. 이 힘으로 바위가 갈라진다.

뚜껑돌 옮기기
거대한 뚜껑돌을 옮길 때는 통나무를 바닥에 받쳐서 돌이 잘 옮겨질 수 있게 한다. 이때는 마을 사람들 수백 명이 한꺼번에 힘을 모아야 했다.

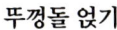

고임돌 세우기
떼어 낸 돌을 이용해 고임돌 두 개를 세운다. 그런 다음 뒷면 막음돌을 세운다.

뚜껑돌 얹기
흙을 쌓아 비탈길을 만든 뒤, 뚜껑돌을 끌어 올려 얹는다. 그러고 나서 흙을 치운다.

무덤 완성
끝으로 앞면을 막기 전에 무덤 주인의 시신을 안에 두고 저승에 잘 가기를 비는 제사를 지낸다. 그런 다음 마구리돌을 막아 마무리한다.

무덤의 종류

아주 오래전부터 사람들은 죽은 뒤에도 저세상에서 삶이 이어진다고 믿었다. 그래서 무덤을 만들고 무덤 주인이 살아 있을 때 쓰던 물건을 넣어 주었다. 고조선의 다양한 무덤은 주로 지배자들을 위한 것이었다.

고인돌은 청동기 시대의 대표적인 무덤이다. 다리 모양의 고임돌을 놓고 그 위에 뚜껑돌을 덮어 만들었다.

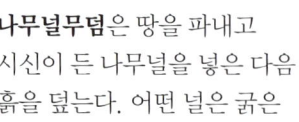

돌널무덤은 돌로 널(관)을 만든 것이다. 먼저 시신의 크기에 맞추어 땅을 판다. 그리고 긴 네모꼴 상자 모양의 돌널을 만들고, 그 위에 넓적한 판돌을 덮는다.

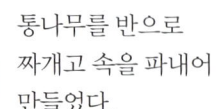

나무널무덤은 땅을 파내고 시신이 든 나무널을 넣은 다음 흙을 덮는다. 어떤 널은 굵은 통나무를 반으로 쪼개고 속을 파내어 만들었다.

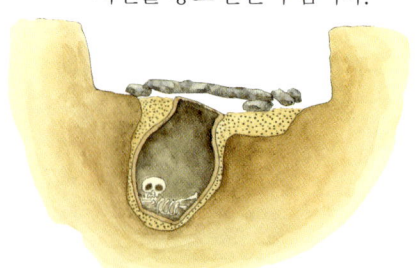

독무덤은 항아리(독)에 시신을 넣고 묻는 무덤이다.

뭉쳐야 한다

기원전 150년 11월 13일

새 족장님이 결국 곰을 잡아 왔다. 쓰러진 건 곰만이 아니었다. 굴에 숨어 있던 곰을 내몰던 마을 형 두 명이 들것에 실려 왔다. 한 사람은 곰에게 다리를 물렸고, 한 사람은 곰 앞발에 머리가 깨졌다. 다친 형네 가족들이 땅바닥에 주저앉아 울었다. 아빠는 두 사람이 일어나도 아마 온전한 몸이 되긴 힘들 거라고 했다.

마을 아저씨들 몇이 공방에 와서 아빠를 불러냈다. 몰래 들어 봤더니 새 족장님에게 가서 이야기 좀 해야겠다고 입을 모으고 있었다.

한참 이야기하는 중인데 어떻게 알았는지 새 족장님과 사람들이 몰려왔다. 족장님 뒤에는 용대 아저씨가 바짝 붙어 있었다. 족장님이 아빠에게 무슨 일로 모였느냐고 물었다. 아무도 대답하지 않았다.

족장님이 피식 웃으며 말했다.

"국읍에 볼 일이 있어서 마을을 며칠 비워야겠다. 들자하니 내게 할 말이 있는 것 같은데, 그건 접어 두고 마을 방비나 잘하고 있게. 나는 돌아가신 형님과 달라. 불만이 있는 사람은 마을에서 고이 내보내 주겠네. 함께 살기 싫으면 떠나면 돼."

아빠를 바라보는 족장님 눈빛이 싸늘했다. 용대 아저씨가 족장님 뒤에 서서 웃었다. 아빠가 말을 꺼내려

하자 족장님이 손을 들어 막았다. 족장님은 자기가 허락할 때만 말하라고 했다. 아빠 얼굴이 빨개졌다. 나도 기분이 나빴다. 지금까지 아빠를 이렇게 무시한 사람은 없었다.

족장님은 어제 우리 뒷산에 나타난 사람들이 무돌마을 사람들이라고 했다. 우리 땅을 넘보고 슬금슬금 우리 마을 사람들 기색을 살피고 있는데, 이대로 가다간 우리가 먹히고 만다는 말을 들으니 등이 오싹했다. 족장님은 밖에 적이 있는 지금 같은 때야말로 뭉쳐야 한다고 소리쳤다. 마을 사람들이 고개를 끄덕였다.

족장님이 아빠를 노려보자 아빠를 찾아왔던 사람들이 슬금슬금 아빠 옆에서 비켜섰다. 족장님이 무서운 얼굴로 말했다.

"가장 먼저 찾아야 할 적은 마을 안에 있을지 모른다. 만약 무돌마을과 내통하는 첩자가 있다면 결코 용서하지 않겠다."

아빠는 무슨 생각을 하는지 돌처럼 움직이지 않았다. 족장님은 사람들 얼굴을 한 명씩 힘주어 바라보았다. 족장님 눈을 마주 본 사람은 아무도 없었다. 다들 눈길을 피했다. 아빠만 족장님 눈을 피하지 않았지만, 아빠 눈빛은 불 꺼진 용광로처럼 쓸쓸해 보였다.

사냥과 가축

고조선 사람들은 주로 농사를 지었지만, 수확이 끝나면 몇십 명씩 무리를 지어 사냥에 나섰다. 창과 활로 무장하고 산양이나 야생 멧돼지를 몰이사냥으로 잡았다.

화살촉을 묶는 방법   돌로 만든 여러 가지 화살촉

고조선 사람들은 사냥을 하면서도 개나 돼지, 소 같은 가축을 길렀다. 그중 돼지는 원래 야생 멧돼지를 잡아다 기른 데서 비롯했다.

야생 멧돼지는 가축용 돼지와 몸의 구조가 비슷하다. 단지 날카로운 송곳니가 더 발달했을 뿐이다.

가축이 된 **원시 돼지**는 오늘날의 돼지보다 대체로 몸길이가 짧고 통통했다.

현대 돼지는 품종이 개량되어 몸이 길고 몸집이 커졌다.

용대 아저씨의 반항

기원전 150년 11월 14일

족장님이 부하 몇 사람을 데리고 국읍으로 떠났다. 마을을 나서는 족장님을 용대 아저씨가 쫓아가더니 굽신거리며 한참을 이야기했다. 용대 아저씨는 다시 길 떠나는 족장님을 향해 절이라도 하듯 몇 번이나 고개를 숙였다. 용대 아저씨는 온몸에 힘을 주고 건들거리며 마을로 돌아왔다. 나를 본 용대 아저씨가 기분 나쁘게 땅에 침을 뱉었다.

나는 용대 아저씨보다 먼저 공방으로 달려갔다. 아빠와 삼촌들, 사촌 형들이 일할 준비를 하고 있었다. 아빠가 용대 아저씨를 찾았다. 다들 일을 시작하고 나서야 어슬렁어슬렁 공방으로 들어온 용대 아저씨가 오늘부터 다들 일하지 않아도 된다고 빈정거렸다.

아빠 얼굴이 일그러졌지만 용대 아저씨는 아랑곳하지 않고 삼촌들에게 말했다.

"족장님이 돌아오실 때까지 농기구 만드는 일을 멈추라고 하셨다. 이제 농기구보다 무기가 필요할 거야. 다들 집에 가서 쉬어. 곧 정신없이 바빠질 테니까."

"누구 마음대로! 이 공방 우두머리는 나야. 내가 명령을 내린다. 어디서 감히!"

아빠가 불끈 화를 냈다. 용대 아저씨가 이죽거렸다.

"그 잘난 공방 우두머리도 족장님 명을 어기지는 못할 텐데?"

아빠가 족장님한테 그런 말을 들은 적이 없다고 하자, 용대 아저씨는 방금 전 족장님에게서 들은 말이라고 우겼다. 아빠가 이를 악물었다. 금방이라도 용대 아저씨를 때려눕힐 것 같아 가슴이 두근거렸다. 아빠, 참지 마요! 한 방 먹여요!

속으로 응원했는데 아빠는 참고 말았다. 아빠가 족장님에게 확인해 보고 사실이 아니면 단단히 혼내 주겠다고 말했지만 용대 아저씨는 들은 척 만 척이었다.

아빠가 용광로의 공기구멍을 불씨가 살아 있을 만큼만 남겨 두고 막았다. 용대 아저씨는 뭐가 기분이 좋은지 실실 웃으며 자기 집으로 돌아갔다.

나도 집에 돌아가려고 공방을 청소하고 있는데 마루가 놀러 왔다. 마루가 야진이네로 놀러 가자고 했지만, 나도 모르게 안 간다고 짜증을 냈다. 자기가 잘못한 것도 없는데 마루는 미안하다며 머리를 긁적였다. 사실 마루는 나쁜 애가 아니다. 그걸 알면서도 마루를 보면 용대 아저씨가 떠올라 화가 난다.

최초의 국가 고조선

국가는 사회를 이끌어 나가기 위해 만들어진 조직이다. 우리나라 역사에서 처음 국가가 생긴 것은 고조선부터이다.

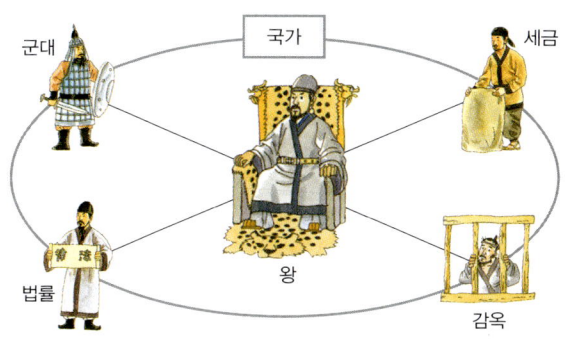

고조선에는 도성에 **왕**과 **관리**들이 있었다. 이들은 **세금**을 거두고 **법률**과 **감옥**을 두어 백성들을 다스렸다. 또한 전쟁을 위한 **군대**도 갖추었다. 고조선은 이러한 사회 조직을 갖춘 국가였다.

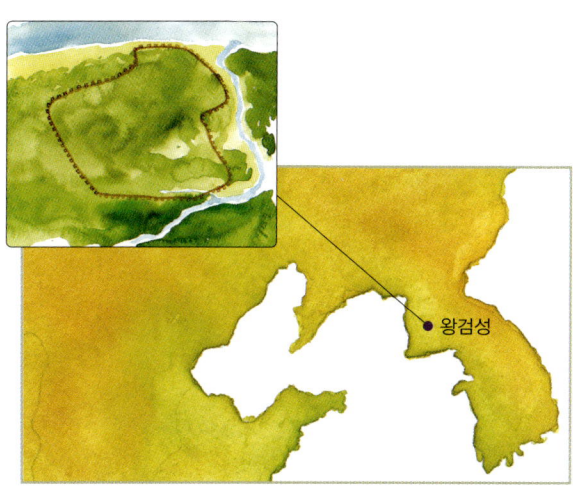

고조선의 수도 **왕검성**은 오늘날 평양의 대동강 가에 자리하고 있었다. 흙으로 다져 쌓은 성벽을 두른 왕검성 안에는 여러 관청 건물과 관리들의 집이 있었다. 성 밖에는 일반 백성들이 살았다.

전쟁의 냄새

기원전 150년 11월 17일

국읍에서 돌아온 족장님이 마을 회의를 소집했다. 회의에 다녀온 아빠가 자꾸 한숨을 쉬었다. 엄마가 우서니를 안고 아빠에게 갔다. 아빠는 아무리 힘이 들어도 우서니를 보면 웃었다. 그런데 오늘은 우서니를 받아 안으면서도 한숨을 쉬었다. 아빠는 엄마에게 아무래도 전쟁이 일어날 것 같다고 말했다. 우서니가 아빠 수염을 만지니까 그제야 아빠가 웃었다. 기분이 좋아진 아빠가 족장님 흉내를 냈다.

"우리가 무돌마을을 먼저 쳐야겠다. 무돌마을 녀석들이 그동안 살금살금 우리 옆구리를 간질였는데, 더 참으면 우리를 아예 바보로 알 거다. 전쟁은 기세 싸움이다. 한번 얕잡히면 끝이야."

엄마는 전쟁을 하지 않아도 되는 방법이 있을 거라고 했다. 아빠가 고개를 끄덕였다. 아무리 어려운 일도 방법을 찾으면 나온다던데, 족장님은 왜 그걸

모를까? 전쟁은 끔찍하지만 전쟁에서 지는 것은 더 끔찍하다. 전쟁에 지면 마을이 불타고, 먹을 것을 빼앗기고, 마을 사람들은 모두 노비가 되어야 하기 때문이다.

고조선의 여러 무기

고조선의 지배자들은 농사지을 땅을 차지하려 하거나, 자연재해로 식량이 떨어졌을 때 전쟁을 일으켰다. 전쟁이 일어나면 군대는 물론이고 일반 백성들까지 싸움에 나서야 했다. 청동과 쇠로 만든 여러 가지 무기가 등장하면서 전쟁은 더욱 치열하고 무서워졌다.

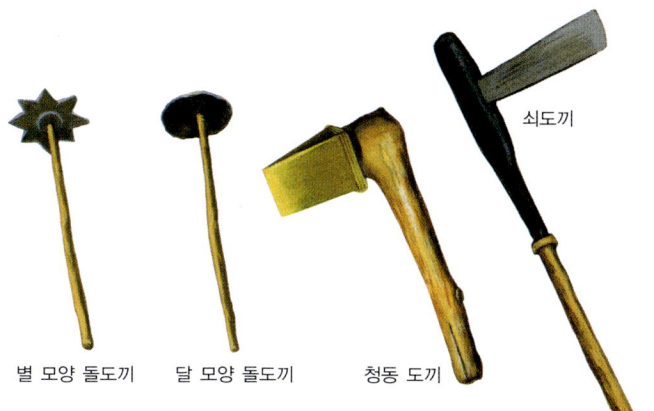

별 모양 돌도끼 달 모양 돌도끼 청동 도끼 쇠도끼

돌도끼는 싸움이 일어났을 때 지휘자들이 손에 쥐고 지휘봉으로 썼다. **청동 도끼**나 **쇠도끼**는 실제로 상대방을 내려치며 공격하는 중요한 무기였다.

쇠뇌는 여러 개의 화살을 잇달아 쏘게 만든 활이다. 총처럼 방아쇠를 당기면 화살이 나간다.

갑옷은 몸에 입는 것이지만, 상대의 공격을 방어하기 위해 만든 무기에 속한다. 일반 병사들은 주로 쇠미늘을 꿰어 만든 갑옷(찰갑)을 입었다.

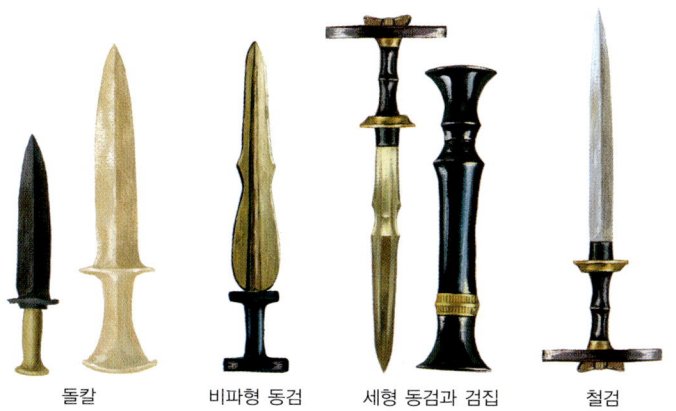

돌칼 비파형 동검 세형 동검과 검집 철검

칼은 고조선의 대표적인 무기이다. 모두 길이가 짧은 단검이고, 크게 휘두르는 긴 칼은 삼국 시대에 가서야 등장한다. 칼에는 홈을 파서 찔렀을 때 피가 잘 흘러나오게 했다.

꺾창 투겁창 돌창

창은 상대방을 찔러서 물리치는 무기이다. 원래 사냥 도구였지만, 청동기 시대에 이르러 전쟁 무기로 발달했다. 꺾창은 창날을 'ㄱ'자 모양으로 달아서 찍거나 베는 무기로 썼다.

칼보다는 삽

기원전 150년 11월 18일

아침부터 마을이 시끄러웠다. 족장님이 남자들을 모아 마을을 둘러싼 방책을 손보라고 했다. 땅이 얼기 전에 일을 마쳐야 한다고 해서 다들 바쁘게 움직였다. 어른들은 숲으로 나무를 베러 가고, 해자를 더 깊게 파내고, 멀리까지 잘 보이도록 마을 밖 들판에 불을 놓아 키가 큰 풀을 모조리 태워 버렸다.

공방도 정신없이 바빠졌다. 족장님 명령대로 무기를 점검하고 새로 만들어야 한다. 아빠는 삼촌들에게 이런저런 일을 시키면서도 마음이 딴 데 가 있는 것 같았다. 나는 아빠가 마음에 걸렸다. 시키는 대로 철광석을 나르면서 아빠를 자꾸 곁눈질했다.

아빠가 전부터 위험한 일을 할 때는 한눈팔지 말라고 했는데, 그 말이 무슨 뜻인지 이제 비로소 알 수 있었다. 손이 미끄러져 발등에 철광석을 떨어뜨리고 말았다. 나도 모르게 비명을 지르자 아빠가 달려왔다. 아빠는 내게 발가락을 움직여 보라고 했다. 좀 아팠지만 발가락은 다 움직였다. 아빠는 다행히 많이 다치지는 않았다며 오늘은 일을 쉬라고 했다. 하지만 나는 고개를 저었다. 나라도 아빠를 지켜보고 있어야 할 것 같았다.

아빠가 혼잣말처럼 말했다.

"하긴, 전쟁이 나면 이 정도 상처는 아무것도 아니겠지. 전쟁도 윗사람의 필요에 따라 결정되는구나. 칼보다는 삽, 창보다는 괭이가 더 큰일을 할 텐데."

나는 공방 앞 햇볕 잘 드는 곳에 앉아 쉬었다.

오래 지나지 않아 족장님이 사람들을 이끌고 공방에 들이닥쳤다. 아빠가 나가서 족장님을 맞았다. 족장님은 공방을 휘 둘러보며 일이 잘되어 가냐고 물었다. 아빠가 그렇다고 하자, 족장님이 한 입으로 두말하느냐며 비웃었다. 족장님은 칼보다는 삽, 창보다는 괭이가 무슨 뜻이냐고 아빠를 다그쳤다. 아빠 혼잣말은 나만 들었는데 족장님이 어떻게 알았을까?

아빠는 대답을 하지 못했다. 설마 또? 나는 족장님 뒤에 서 있는 용대 아저씨를 바라보았다. 나와 눈이 마주치자 용대 아저씨는 슬그머니 공방 뒤쪽으로 몸을 감췄다. 족장님은 전쟁 준비에 가장 중요한 일을 해야 할 공방 책임자가 딴생각을 하는 것은 배신이라며 아빠를 몰아붙였다. 아빠가 설명하려 하자 족장님은 손을 들어 아빠 말을 가로막았다.

"공방 책임자로 일하고 싶은 사람이 여기 있는가?

다른 마음을 품지 않고 오로지 우리 부족의 번영을 위해 공방을 꾸려 갈 사람이 여기 있다면 지금 나서라. 그에게 기회를 주겠다."

사람들이 웅성거렸다. 공방 일을 잘 알아야 책임자가 될 수 있는데 우리 아빠 말고 그럴 만한 사람이 누가 있을까? 족장님이 뭘 모르고 하는 말 같았다. 아빠도 난처한 얼굴로 고개를 숙였다. 갑자기 웅성거리는 소리가 커졌다. 누가 족장님 앞에 나섰다. 용대 아저씨였다. 족장님이 사람들을 둘러보더니 말했다.

"우리 마을이 원하는 사람은 입으로만 떠드는 자가 아니라 실력으로 말하는 자다. 내일 아침부터 칼을 만들어라. 제사 이튿날 재판 때 판결을 내리겠다. 칼을 잘 만드는 사람에게 공방을 맡길 터이다."

아빠가 뭔가 말하려 했지만 족장님은 등을 돌려 떠나 버렸다. 족장님과 사람들이 떠나고 공방 식구들만 남았지만, 여전히 분위기가 어색했다. 다들 서로 모르는 사람처럼 눈치만 보고 있었다. 제사는 나흘 뒤다.

갈라진 공방

기원전 150년 11월 19일

아침 일찍 아빠와 함께 공방으로 갔다. 용대 아저씨가 벌써 와 있었다. 용대 아저씨는 아빠를 보더니 고개를 돌렸다. 아빠도 용대 아저씨가 보이지 않는 것처럼 움직였다. 공방 안에 보이지 않는 벽이 생긴 것 같았다. 삼촌들이 공방으로 들어오자 아빠가 모두 한 줄로 세우고, 사흘 동안 공방에 나오지 않아도 되니까 마을 일을 도우라고 했다.

아빠는 칼 만들기를 도와줄 조수를 한 명씩 고르겠다고 했다. 말이 끝나기가 무섭게 용대 아저씨가 작은삼촌을 불렀다. 작은삼촌이 아빠를 바라보자 아빠가 고개를 끄덕였다. 아빠가 줄 서 있는 우리를 봤다. 아빠가 나를 부르면 어떡하나 싶어서 심장이 마구 두근거렸다. 나를 골라 줬으면 싶기도 하고, 그러다가 칼을 망치면 어떡하나 싶어 걱정도 됐다.

"첫째와 둘째만 남고 다 집으로 돌아가라. 부를 때까지는 공방에 얼씬거리지 말고."

큰삼촌이 아빠 조수가 되었다. 나머지 사람들은 집으로 돌아갔지만 나는 공방에 남았다. 삼촌들이 공방 가운데에다 갈대발을 쳤다. 공방이 반으로 나뉘었다.

아빠는 굳은 얼굴로 일을 시작했다. 용대 아저씨는 뭔가 단단히 믿는 구석이 있는 것 같았다. 보일 듯 말 듯 웃으며 일을 했다. 사실 미운 짓을 많이 해서 그렇지 용대 아저씨 기술은 아빠도 인정해 준다. 공방에서 일하기 전에는 그저 허풍쟁이인 줄 알았는데, 막상 함께 일하면서 보니까 저래서 아빠가 내쫓지 않았구나 이해가 될 정도였다. 게다가 족장님이 용대 아저씨 편이다.

갑자기 불안해졌다. 아빠를 믿지만 그래도 불안했다.
 아빠와 용대 아저씨는 쉬지도 않고 말도 하지 않았다. 온 세상이 어두컴컴한 가운데 용광로 불빛에 비친 두 사람의 그림자만 귀신처럼 어른거렸다.
 엄마가 찾으러 와서 나는 먼저 집으로 돌아왔다. 밤늦게까지 공방에서 망치 소리가 들려왔다. 소리만 듣고도 누구 망치 소리인지 알 수 있었다. 아빠는 힘이 있고 용대 아저씨는 빠르다. 망치 소리도 사람을 닮았다.

단군은 누구일까

어떤 역사학자들은 고조선을 세운 단군이라는 사람이 실제로 있었다고 주장한다. 그러나 단군은 어느 한 사람을 가리키는 말이 아니었다.

고조선에서 **단군**은 하늘에 제사를 지내는 무당이나 제사장을 널리 일컫는 말이었다.

고려 시대 때 승려 **일연**은 『삼국유사』라는 역사책에 단군이 기원전 2333년 고조선을 세웠다고 적었다. 하지만 실제 사실은 아니다.

우리나라 사람들은 고려 시대부터 단군을 민족의 시조로 믿었다. 그래서 지금도 개천절이면 단군에게 제사를 올리고, 전국 체전 때는 **참성단**에서 성화의 불을 얻는다.

교과서의 **단군 영정**이나 북한의 **단군 무덤**을 보면 고조선을 세운 단군이 실제로 있었던 것 같다. 하지만 고조선에 단군이라는 지배자가 이끄는 집단이 있었다는 정도만 알 수 있을 뿐이다.

팽팽한 대결

기원전 150년 11월 20일

제사를 앞둔 마을은 동굴 속처럼 조용했다. 공방에서 나는 망치 소리만 마을에 울려 퍼질 뿐, 사람들은 말도 속삭이듯 조용조용히 했다. 이런 제사는 재미없다. 추수 감사 의례처럼 신나는 제사만 있으면 좋을 텐데.

마을 사람들도 공방에서 무슨 일이 벌어지고 있는지 다 알게 되었다. 드러내 놓고 말하지는 않지만 마을 사람들은 누가 이길지 궁금해 했다. 아빠 솜씨를 의심하는 것 같아서 나는 기분이 나빴다.

제삿날이 가까워지자 아빠 얼굴이 점점 딱딱해졌다. 나만 보면 기분 나쁘게 웃던 용대 아저씨도 눈빛이 무서울 만큼 날카로웠다. 나는 쉬는 시간을 기다렸다가 철광석 창고에 있는 삼촌들한테 달려갔다.

큰삼촌과 작은삼촌은 물을 마시고 있었다. 큰삼촌이 내 머리를 쓰다듬으며, 아빠를 이길 수 있는 기술자는 없으니까 걱정 말라고 했다. 철광석 부스러기로 땅바닥에 칼을 그리던 작은삼촌이 고개를 저었다. 용대 아저씨 솜씨도 만만치 않은 데다 예전과 다르게 온 힘을 다하고 있다고 했다.

나는 작은삼촌에게 게으름을 피우든가 용대 아저씨를 방해하라고 속삭였다. 작은삼촌이 내 머리를 쥐어박았다. 내 편이라 믿었던 큰삼촌도 그건 비겁한 생각이라며 들은 척도 하지 않았다.

나는 화가 나서 집으로 돌아왔다. 삼촌들도 용대 아저씨 눈치를 보는 거다. 용대 아저씨가 이길지 우리 아빠가 이길지 속으로 저울질하는 거다. 비겁하다. 친척이라면 이럴 때 힘을 모아야 하는 거 아닌가? 아빠 편은 나 혼자다. 그런데 난 아빠를 도와줄 힘이 없다.

도둑맞은 볏가마

기원전 150년 11월 21일

제삿날을 하루 앞두고 마을이 발칵 뒤집혔다. 다락 창고에 두었던 야진이네 벼 한 가마가 없어진 것이다. 마을 분위기가 갑자기 살벌해졌다. 족장님이 사람들을 시켜 집집마다 구석구석 뒤졌지만, 도둑도 볏가마도 찾을 수 없었다.

야진이가 친구들과 함께 나를 찾아왔다. 친구들은 몽둥이를 하나씩 들고 있었다. 야진이가 심각한 얼굴로 도둑을 잡으러 같이 가자고 했다. 도둑은 훔친 자리가 궁금해서 다시 올 테니까, 밤에 다락 창고에 숨어 있으면 잡을 수 있을 거라는 말이었다.

내가 거절하자 야진이는 섭섭해 하며 돌아갔다. 조금 미안하긴 했지만, 그러잖아도 공방 일 때문에 머리가 아파서 다른 데 신경 쓸 겨를이 없다. 어젯밤 꿈이 자꾸 떠올랐다. 꿈속에서 용대 아저씨는 오백 년 된 은행나무만큼 큰 칼을 만들었는데, 아빠는 손가락만 한 칼을 만들었다.

시간이 지날수록 불안했다. 나는 아빠를 믿는다. 그렇지만 만에 하나 용대 아저씨가 이긴다면? 용대 아저씨는 아빠와 나를 싫어하니까 둘 다 공방에서 쫓아낼지도 모른다. 아빠가 공방에서 쫓겨나면 무얼 할까? 아빠는 공방 일 말고 할 줄 아는 게 없다. 생각만 해도 끔찍했다.

어떻게 하면 좋을까? 용대 아저씨 칼을 숨겨 버릴까? 안 된다. 도둑질을 했다가 걸리면 큰일 난다. 큰일도 보통 큰일이 아니다. 하지만 아빠가 공방을 빼앗기는 걸 이대로 보고만 있어야 하나? 몰래 숨어서 용대 아저씨에게 돌을 던질까? 용대 아저씨가 쉬는 사이에 칼을 부러뜨릴까? 용대 아저씨 망치를 숨겨 버릴까? 별 생각이 다 났지만 이거다 싶은 건 없었.

갈팡질팡하는 동안 밤이 되었다. 오늘도 아빠는 집에 돌아오지 않았다.

갈라진 뼈

기원전 150년 11월 22일

오늘은 제사를 지냈다. 족장님이 사람들 앞에 섰다. 거울과 방울이 달린 옷을 입은 족장님은 보통 때보다 훨씬 무서워 보였다. 마을 사람들은 숨도 크게 쉬지 못하고 족장님을 지켜보았다. 이번 제사는 보통 제사가 아니었다. 전쟁을 해도 되는지 하느님에게 물어보는 제사였다.

족장님 앞에는 하얗고 넓적한 소 어깨뼈가 놓여 있었다. 쇠막대기가 여러 개 담긴 화로도 있었다. 족장님이 불에 달군 쇠막대기 끝으로 뼈를 지졌다. 쇠막대기 끝이 뼈에 닿자, 하얀 연기가 났다. 나는 숨조차 크게 쉴 수 없었다. 그러다가 기침이라도 하면 쇠막대기 끝이 빗나가 나쁜 결과가 나올 것 같았다. 뼈가 아니라 내 가슴에 쇠막대기 끝이 닿은 것만 같았다.

마을이 텅 빈 것처럼 조용했다. 뼈를 읽는 족장님 얼굴이 어두웠다. 사람들은 족장님이 입을 열 때까지 기다렸다. 족장님이 고개를 저었다.

"기다리라고? 기다려야 한다고? 언제까지 기다리라는 말씀이신가?"

사람들 얼굴이 가지각색이었다. 용대 아저씨처럼 얼굴을 찌푸린 사람도 있고, 야진이 아버지처럼 한숨을 쉬는 사람도 있었다. 아빠는 아무 표정이 없었다. 제사를 마친 족장님 얼굴에 찬바람이 불었다.

족장님이 아무 말이 없자 마을 사람들이 웅성거렸다. 귀 기울여 보니 뼈가 갈라졌기 때문에 전쟁이 미루어졌다는 이야기였다. 미룬 게 아니라 아예 하지 않을 거라는 말도 나왔다. 사람들 이야기를 듣기라도 한 듯 족장님이 다시 말했다.

"준비하고 있어야 한다. 쳐들어가지는 않겠지만, 쳐들어온다면 싸우지 않을 수 없다. 모두들 철저하게 준비하도록 해라."

나는 한숨을 쉬었다. 당장 전쟁을 하지 않게 되어 다행이지만 아직 불씨가 완전히 꺼진 것은 아니었다. 전쟁은 이겨도 무섭고, 지면 더 무섭다. 이기려면 열심히 싸워야 하고, 열심히 싸우면 죽거나 다친다. 겁쟁이라고 해도 어쩔 수 없다. 겁나지 않는다고 하면 거짓말쟁이까지 되는 거니까.

뼈점 치기

고조선의 지배자들은 나라에 큰일이 있으면 점을 쳐서 하늘의 뜻을 물어보았다. 점의 결과에 따라 전쟁에 나갈지 말지 같은 중요한 결정을 내렸다.

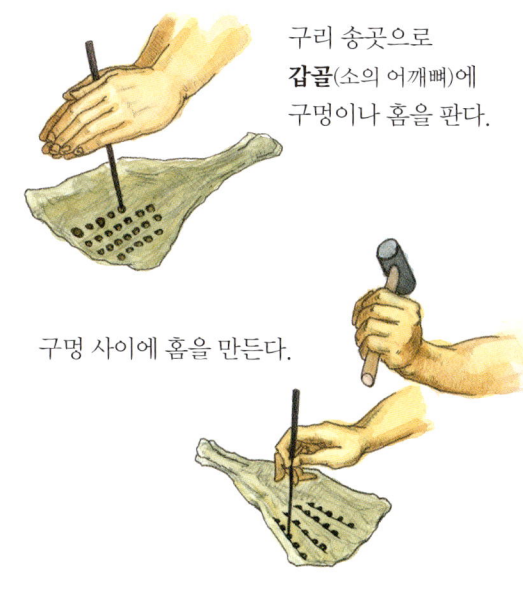

구리 송곳으로 **갑골**(소의 어깨뼈)에 구멍이나 홈을 판다.

구멍 사이에 홈을 만든다.

불에 달군 송곳을 홈에 대고 지져서, 갑골이 갈라지는 모양을 본다.

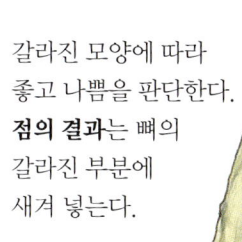

갈라진 모양에 따라 좋고 나쁨을 판단한다. **점의 결과**는 뼈의 갈라진 부분에 새겨 넣는다.

재판

기원전 150년 11월 23일

재판이 있는 날이다. 정해 둔 시각이 되자 마을 빈터에 사람들이 모여들었다. 대부분 자기가 재판을 받는 것처럼 표정이 우울했다. 오늘 재판받는 사람은 씨름을 하다가 실수로 상대방의 팔을 부러뜨린 형이었다.

족장님이 그 형에게 곡식 두 가마를 환자에게 가져다주라는 판결을 내렸다. 판결을 받은 형이 고개를 숙였다. 그 형 엄마는 곡식 두 가마를 주면 자기 식구들은 굶어 죽어야 한다며 땅바닥에 주저앉았다. 울음소리가 커지자 옆에 있던 아줌마들이 다른 곳으로 데려갔다.

족장님은 아무 소리도 못 들은 것처럼 돌아서더니 아빠와 용대 아저씨에게 칼을 가져오라고 했다. 용대 아저씨가 춤이라도 출 듯 가벼운 몸놀림으로 자루에서 칼을 꺼냈다. 하나, 둘, 셋, 넷, 모두 네 자루였다. 아빠도 자루에서 칼을 꺼냈다. 하나, 둘. 자루가 비었다. 사람들이 웅성거렸다.

족장님은 두 번 생각하지 않고 바로 판결을 내렸다. 칼이 말을 하고 있으니 변명이 필요 없을 거라며 공방을 용대 아저씨에게 넘긴다고 했다. 용대 아저씨가 족장님 앞에 고개를 숙였다. 용대 아저씨는 입이 귀에 걸릴 듯 웃고 있었다. 나는 다리에 힘이 풀려 주저앉을 뻔했다. 우서니를 안고 있던 엄마가 울음을 터뜨렸다. 아무 영문 모르는 우서니도 함께 울었다.

아빠가 엄마와 우서니를 돌아보았다. 아빠 얼굴이 용광로 불꽃처럼 빨갰다. 재판을 마친 족장님이 자리를 떴다. 사람들은 웅성거리며 내 곁을 지나 흩어지면서 아무도 나와 눈을 마주치려 하지 않았다.

그때 갑자기 아빠가 큰 소리로 족장님을 불렀다. 족장님이 돌아서자 아빠는 바닥에 놓인 칼을 한 손에 하나씩 집어 들었다. 양손에 칼을 든 아빠가 족장님을 향해 걸어갔다. 족장님 옆에 서 있던 사람들이 몇 걸음씩 물러섰다. 족장님 뒤에 서 있던 장수 두 사람이 앞으로 걸어 나왔지만 족장님이 손을 들어 막았다. 족장님은 바위처럼 그 자리에서 움직이지 않았다.

아빠가 족장님 앞에 다가가 칼을 치켜들었다. 누군가 비명을 질렀다. 아빠는 손에 든 두 칼을 힘껏 맞부딪쳤다. 쨍! 칼들이 울었다. 어느 쪽 칼이 크게 울었는지는 알 수 없었다.

"생긴 건 비슷해도 개는 개, 늑대는 늑대입니다. 개는 늑대의 밥입니다. 싸워 보면 알 수 있습니다."

아빠가 두 칼을 땅바닥에 꽂았다. 마을 사람들이 다

시 모여들었다. 족장님은 아빠를 노려보다가 칼 쪽으로 눈길을 옮겼다. 그러더니 뒤에 있는 장수들을 불렀다. 두 사람이 만들어 온 칼로, 힘을 싣되 다치지 않도록 공격 방향을 미리 정하는 약속 대련을 하라고 했다.

두 장수가 몇 마디 나누더니 칼을 한 자루씩 들고 대련을 시작했다. 힘이 세고 칼싸움도 잘하는 사람들이어서 칼이 맞부딪칠 때마다 불꽃이 튀었다. 첫 번째 대련은 오래가지 못했다. 칼 하나가 곧 부러졌다. 이윽고 또 하나가 부러졌다. 쌀쌀한 날씨에도 두 장수의 이마에서는 땀이 흘렀다. 내리치는 칼을 막으며 또 하나가 부러졌고, 힘이 실린 두 칼이 가슴 앞에서 맞부딪치며 또 하나가 부러졌다. 결국 남은 건 아빠가 만든 칼 두 자루뿐이었다.

이번 대련은 길었다. 어느 쪽 칼도 부러지지 않았다. 족장님이 손을 들어 대련을 중지시켰다. 족장님은 두 장수에게 전쟁터에 어느 칼을 가지고 나가겠느냐고 물었다. 두 장수는 지금 손에 든 칼, 부러지지 않는 칼을 가지고 나가겠다고 대답했다.

족장님이 남은 칼 두 자루를 만든 사람이 누구냐고 물었다. 족장님은 용대 아저씨와 아빠를 번갈아 가며 바라보았다. 나는 침을 꿀꺽 삼켰다. 마을 사람들이 수군대는 소리가 점점 커졌다. 용대 아저씨 주먹이 부들부들 떨렸다.

아빠가 족장님 앞으로 나갔다. 족장님이 아빠 손을 잡고 들어 올리자 마을 사람들이 환성을 질렀다. 잠시 뒤 족장님이 손을 들자 마을 사람들이 잠잠해졌다.

"공방은 다시 너에게 맡긴다. 내 귀가 얇아 잠시 마음이 흔들렸지만, 마을을 생각하는 마음에서였으니 분을 품지 말거라. 아울러 용대에 대한 처분도 네게 맡긴다."

용대 아저씨가 땅바닥에 주저앉았다. 그러나 아무도 용대 아저씨를 일으켜 주지 않았다.

아빠가 삼촌들에게 칼을 공방에 가져다 놓으라고 했다. 삼촌들은 흥분해서 떠들어 대며 성한 칼 두 자루와 부러진 칼 네 자루를 공방으로 옮겼다. 부러진 칼들은 녹여서 새 칼을 만들겠지만, 용대 아저씨는 어떻게 될까?

아빠는 아무 말도 하지 않고 집으로 돌아와 잠을 잤다. 아빠는 밥도 먹지 않고 긴 잠 속으로 빠져들었다.

범금 8조

고조선의 지배자들은 백성을 법률로 다스렸다. 고조선의 법인 범금 8조는 지배자들의 생명과 재산을 보호해 주었지만, 일반 백성에게는 매우 불리했다. 지금은 8가지 조항 중 3가지만 전해 온다.

사람을 죽인 자는 사형에 처한다.
다른 사람을 죽인 사람은 가장 큰 죄를 지었으므로, 그 사람도 사형을 시킨다는 뜻이다.

남에게 상처를 입힌 자는 곡식으로 갚는다.

남을 다치게 한 사람은 살인보다는 작은 죄를 지었으므로, 농사의 수확물로 죗값을 치르게 한 것이다.

도둑질한 자는 노비로 삼되, 노비를 면하고자 할 때는 50만 전을 내야 한다.
도둑질을 한 사람들은 대개 가난한 백성들이었다. 그런 사람들에게 죗값으로 50만 전이라는 큰돈을 내라는 것은 그냥 노비가 되라는 말이었다.

도둑

기원전 150년 11월 24일

자기 전에 물을 너무 많이 마셨나 보다. 오줌이 마려워 한밤중에 잠이 깼다. 밖으로 나와 보니 보름달이 대낮처럼 밝았다. 환한 달빛 아래 시원하게 오줌을 누고 있는데, 공방 쪽에서 작은 쇳소리가 들렸다. 아무도 없는 공방에서 웬 소리가 나는 걸까? 혹시 도둑? 갑자기 등이 오싹했다. 그래도 누군지 알아야 잡을 수 있었다.

용기를 내 살금살금 공방 쪽으로 가고 있는데, 그림자 하나가 공방에서 슬그머니 걸어 나왔다. 달빛이 환해 누군지 금세 알 수 있었다. 자루 없는 괭이와 낫을 든 두암이였다. 겁먹었던 마음이 가라앉으면서 궁금해졌다. 사람들 앞에서 마음대로 쓰지도 못할 것들을 왜 훔쳤을까? 요즘 산에서 마주칠 때마다 깜짝 놀라던 두암이의 모습이 떠올랐다. 내놓고 쓰지도 못할 철제 농기구를 훔친다는 건 우리 마을에서 살기를 포기했다는 뜻이다. 그럼 어디로 가려는 걸까? 혹시 두암이가 무돌마을과 내통한 건 아닐까?

두암이는 그늘에 몸을 숨겨 가며 마을 밖으로 나갔다. 나는 조심조심 두암이를 따라갔다. 당장이라도 소리를 지르면 어른들이 달려와 두암이를 잡을 수 있었다. 하지만 마음이 내키지 않았다. 어찌 된 일인지 내 눈으로 확인해야 두암이가 잡혀도 마음이 덜 아플 것 같았다. 두암이는 뒷산으로 향했다. 낙엽이 수북하게 쌓인 길을 소리 나지 않게 따라가려니 힘이 들었다. 다행히도 마을을 빠져나온 두암이는 열심히 산을 오르기만 했다.

뒷산 너덜바위에 다다른 두암이가 휘파람으로 새소리를 내자 바위 틈새에서 한 사람이 일어났다. 보따리를 품에 안은 양동이였다. 두암이를 보자마자 양동이가 울먹거렸다. 두암이가 양동이를 달랬다. 머리를 쓰다듬기도 하고 살포시 안아 주기도 했다. 한눈에도 서로 좋아하는 사이라는 걸 알 수 있었다.

양동이가 보따리를 들고 있는 걸 보니 둘이 도망을 치려는 게 분명했다. 과연 두암이는 수풀 속에서 볏가마를 꺼내 짊어졌다. 야진이네 볏가마가 분명했다. 양동이는 두암이가 들고 온 괭이와 낫을 들었다.

나는 마음을 정했다. 둘이 무돌마을로 도망간다면 전쟁이 시작될 거다. 전쟁이 나면 여러 사람이 죽는다. 차라리 두암이와 양동이가 붙잡히는 편이 낫다. 어른들에게 알릴 시간이었다. 나는 조심조심 뒷걸음질을 쳤다. 조심한다고 했는데 그만 낙엽 밑에 깔린 나

뭇가지를 밟고 말았다.
　딱! 잘 마른 나뭇가지가 큰 소리를 내며 부러졌다. 두암이가 볏가마를 내던지고 달려왔다. 나는 산길을 달려 도망쳤지만 두암이가 훨씬 빨랐다. 두암이가 내 뒷덜미를 잡았다. 아무리 몸부림을 쳐도 두암이는 꿈쩍도 하지 않았다. 두암이 눈이 빨갰다. 잘 웃고 다정하던 얼굴이 아니었다. 두암이가 내 목을 졸랐다. 금세 눈앞이 캄캄해졌다.

"그러지 마, 두암아! 제발 그러지 마. 우지기 착한 애잖아, 두암아!"

울먹이는 양동이 목소리가 들렸다. 두암이 손에서 점점 힘이 빠졌다. 나는 정신없이 기침을 했다. 기침을 하는 동안 눈앞이 희미하게 밝아졌다. 두암이는 내 눈길을 피하며 양동이에게 나를 지키라고 했다. 나를 놓치면 자기 둘이 죽는 거라며 윽박질렀다.

두암이는 내가 마을 쪽으로 도망가지 못하게 묶으려고 길 아래쪽에서 칡덩굴을 거뒀다. 나는 작은 목소리로 양동이에게 왜 도망치냐고 물었다. 양동이는 내가 노비로 사는 게 어떤 건지 모르니까 대답해도 이해하지 못할 거라고 했다. 우리 마을 사람들이 다들 잘해 주지 않았냐고 말했지만 양동이는 고개를 저었다. 노비에게 잘 대해 준다는 것이 개에게 잘해 주는 것과 뭐가 다르냐고 되물었다.

나는 대답할 말이 없었다. 그렇다고 이대로 양동이를 보낼 수는 없었다. 지금이라도 돌아가면 무돌마을과 전쟁을 하지 않아도 된다. 나만 알면 된다. 양동이가 내 머리를 쓰다듬어 주었다. 떨리는 양동이 목소리가 귀를 간지럽혔다.

"넌 다른 사람들하고 달랐어. 네 생각 많이 날 거야."

나는 침을 꿀꺽 삼키고 대답했다.

"두 사람 다 못됐어. 무돌마을로 도망가 봤자 전쟁이 나면 끝이야. 다시 끌려올 거라고!"

"우린 무돌마을로 가지 않아."

두암이가 칡덩굴을 내려놓으며 말했다. 두암이는 나를 굵은 신갈나무 옆으로 데려가더니 칡덩굴로 꽁꽁 묶었다. 소리를 지르지 못하게 부드러운 덩굴로 입도 막았다. 두암이는 넋두리라도 하듯 중얼거렸다. 노비도 전쟁도 없는 곳을 찾아 떠나는 거라고, 아무도 없는 곳을 찾을 수 있을 거라고, 너도 사랑하는 여자가 생기면 이해할 수 있을 거라고.

양동이가 나를 안아 주었다. 나 같은 동생이 있었으면 하고 늘 생각했다는 말을 듣자 괜히 눈물이 나려고 했다. 두암이는 내 머리를 쓰다듬었다. 두암이는 짐을 챙겨 메고 뒤도 돌아보지 않고 숲 속으로 걸음을 옮겼다. 양동이도 두암이를 따라 숲 속으로 사라졌다.

그런 거라면 미리 말을 하지! 마을을 배신하는 게 아니라 그저 떠나는 거라면, 잘 가라고 손 흔들며 보낼 수도 있었는데.

나는 말린 생선처럼 나무에 묶이고 덩굴에 입이 막혀서 말을 할 수가 없었다. 마을 쪽으로 고개를 돌리고 칡덩굴을 풀기 위해 몸부림을 쳤다. 칡덩굴은 질긴 데다가 아주 꼼꼼하게 묶여 있었다. 몸을 움직일 때마다 묶인 부분이 끊어질 것처럼 아팠다. 비명을 지르고 싶을 때마다 입에 물린 줄기를 깨물며 참았다. 어서 마을로 내려가야 한다. 캄캄한 숲 속에 밤새도록 혼자 있는 것은 상상만 해도 끔찍했다. 게다가 꼼짝도 못하고 묶여 있을 때 산짐승이라도 나타난다면?

보름달이 산마루에서 두 뼘쯤 위에 내려앉았을 때에야 겨우 칡덩굴을 풀 수 있었다. 나는 부리나케 마을로 달려 내려왔다. 엄마가 졸린 목소리로 어디 갔다 왔냐고 물었다. 나는 그냥 오줌을 누고 왔다고 얼버무렸다.

겨울이 가면 봄이 온다

기원전 150년 11월 25일

아침부터 마을이 발칵 뒤집혔다. 두암이가 도망간 것만 해도 놀랄 일인데 양동이까지 데려갔다니까 사람들이 고개를 휘휘 저었다. 당장 추격대가 떠났다. 나는 두암이와 양동이가 잡히지 않기를 바랐다. 다행히 오후부터 눈이 펑펑 내리기 시작했다. 추격대는 하얗게 눈 모자를 쓴 채 빈손으로 돌아왔다. 눈이 두암이와 양동이를 도와주었다. 쏟아지는 눈이 발자국을 덮어 쫓아갈 수 없었을 테니까.

족장님이 무돌마을로 사람을 보냈지만 무돌마을에서는 도망 온 노비가 없다고 대답했단다. 족장님은 무돌마을과 전쟁을 하지 않더라도 준비는 해 놓는 게 좋다고 했다. 우리 마을 사람들은 족장님 말에 따라 방책을 다시 세우고 무기를 손보았다. 우리 마을 소식을 들었다면 무돌마을 사람들도 감히 쳐들어오지 못할 거다. 전쟁을 하지 않으려면 전쟁 준비를 열심히 해야 한다는 게 우스웠다. 차라리 전쟁을 하지 말고 높은 사람들이 자기들끼리만 싸워서 해결하면 좋겠다.

겨우내 공방에서는 족장님이 시키는 대로 무기를 만들기로 했다. 아빠가 족장님에게 이야기해서 삽과 낫, 괭이도 적당히 만들기로 했다. 나는 오늘 처음으로 망치를 쥐어 봤다. 망치만 쥐여 주면 뭐든지 만들 것 같았는데, 마음뿐이라는 걸 곧 알 수 있었다. 아직은 힘도 기술도 모자란다. 자꾸 해 보면 금방 솜씨가

늘 거라고 아빠가 말했다. 아빠 말이 맞다. 이제 시작이다. 아무나 공방 망치를 손에 들 수 있는 건 아니다. 나도 공방의 한 일꾼으로 당당하게 인정받은 거다. 병아리도 닭은 닭이다.

오후 내내 눈이 많이 내렸다. 두암이와 양동이는 눈을 맞으며 걷고 있을까? 잡히지 않았으니 그럴 거다. 나도 두암이와 양동이가 살고 있는 곳으로 가고 싶다. 그곳에는 전쟁도, 재판도, 거짓말도 없을 것이다. 그곳에서 사람을 죽이는 칼이나 창 대신 사람을 살리는 농기구를 만들며 살고 싶다.

이마에 맺혔던 땀방울이 식었다. 아빠가 쉴 만큼 쉬었으니 다시 일을 시작하자고 했다. 다들 일어서서 일할 준비를 하는데, 아빠가 깜빡 잊었다는 듯 숯창고 쪽을 향해 큰 소리로 말했다.

"어이, 용대! 숯 말고 철광석 좀 골라 와. 붉은빛 도는 놈들로."

나 대신 재료 창고 담당이 된 용대 아저씨가 고분고분 크게 대답하는 소리가 들렸다.

일을 시작하기 전에 공방 밖을 바라보았다. 우리 마을을 둘러싼 방책 너머로 텅 빈 들과 깊은 숲과 먼 산이 하얗게 눈에 덮여 있었다. 온 세상이 하얀 옷을 입고 있는 것 같았다.

저 눈이 녹으면 새봄이 올 거다. 올해와 다른 봄. 키가 더 자라고 힘이 더 세지고 공방 기술자에 성큼 더 다가설 내년이 시작되는 거다. 갑자기 내가 어른이 된 것 같았다. 나는 망치를 쥔 손에 힘을 주었다.

역사 일기 02 – 고조선

고조선 소년 우지기, 철기 공방을 지켜라

2010년 3월 15일 1판 1쇄
2022년 4월 15일 1판 11쇄

일기글 | 김남중 **정보글** | 송호정 **그림** | 이강
기획·편집 | 최옥미·강변구 **디자인** | FN디자인 **표지 디자인** | 김지선 **표지 제목 글씨** | 김세현 **마케팅** | 이병규·이민정·최다은
홍보 | 조민희·강효원 **제작** | 박흥기 **출력** | 한국커뮤니케이션 **인쇄** | 코리아피앤피 **제책** | 책다움
펴낸이 | 강맑실 **펴낸곳** | (주)사계절출판사 **등록** | 제406-2003-034호
주소 | (우)10881 경기도 파주시 회동길 252 **전화** | 031) 955-8588, 8558
전송 | 마케팅부 031) 955-8595 편집부 031) 955-8586 **홈페이지** | www.sakyejul.net **전자우편** | skj@sakyejul.com
페이스북 | facebook.com/sakyejulkid **인스타그램** | instagram.com/sakyejulkid **블로그** | blog.naver.com/skjmail

ⓒ 김남중·송호정·이강

값은 뒤표지에 적혀 있습니다. 잘못 만든 책은 구입하신 서점에서 바꾸어 드립니다.
사계절출판사는 성장의 의미를 생각합니다. 사계절출판사는 독자 여러분의 의견에 늘 귀 기울이고 있습니다.
이 책은 저작권법에 따라 보호받는 저작물이므로 무단전재와 무단복제를 금합니다.

ISBN 978-89-5828-417-8 74910
ISBN 978-89-5828-415-4 (세트)